FRÉDÉRIC MARCELIN

LE DÉPARTEMENT

DES

FINANCES & DU COMMERCE D'HAÏTI

(1892-1894)

PREMIÈRE PARTIE

RAPPORTS

au Président de la République et au Conseil des Secrétaires d'État

PARIS
SOCIÉTÉ ANONYME DE L'IMPRIMERIE KUGELMANN
12, rue de la Grange-Batelière, 12

1895

LE DÉPARTEMENT

DES

FINANCES & DU COMMERCE D'HAÏTI

FRÉDÉRIC MARCELIN

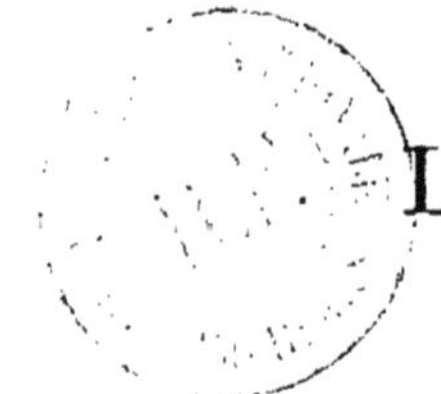

LE DÉPARTEMENT
DES
FINANCES & DU COMMERCE D'[illegible]TI
(1892-1894)

PREMIÈRE PARTIE

RAPPORTS

au Président de la République et au Conseil des Secrétaires d'État

PARIS
SOCIÉTÉ ANONYME DE L'IMPRIMERIE KUGELMANN
12, rue de la Grange-Batelière, 12

1895

Il est naturel, quand on a tenté au pouvoir, en dépit des avertissements de l'expérience routinière, l'exécution de projets qui n'ont pas réussi par une suite d'enchaînements dont on n'est nullement responsable, car pour une large part ils relèvent du milieu et des circonstances, qu'on a soulevé autour de soi, non seulement l'animosité des détenteurs de situations menacées, mais encore la passion de la clientèle à leur solde, il est naturel que le premier devoir de l'homme public, la retraite sonnée, est de prendre le pays pour juge et de lui soumettre les pièces du débat.

C'est ce que j'entreprends de faire. Je suis convaincu que le lecteur de bonne foi pourra — non sans doute partager toutes mes idées, je ne le demande pas — mais me rendre ce témoignage, devant la somme de travail, d'efforts consciencieusement tentés, que le pouvoir n'a jamais été dans mes mains une sinécure, que si je me suis trompé, mon erreur a été loyale, et que le seul sentiment qui ait jamais fait battre mon cœur, durant ces deux années, a été l'amour de ma Patrie!

Dans une série de publications, je passerai en revue toute notre administration : Douanes, Banque nationale d'Haïti, Banque de Port-au-Prince, Chambres législatives, Comptabilité publique, etc., etc. Un dernier volume sera consacré à l'historique de ces deux années et cinq mois de ministère. Il renfermera mes appréciations personnelles et sera, en quelque sorte, la psychologie de cette période.

La présente partie contient des rapports adressés au Président de la République et quelques-uns de ceux que j'ai faits au Conseil des secrétaires d'État.

Je suis heureux de trouver ici une nouvelle occasion de redire mon dévouement et mon amitié pour le chef de l'État qui m'avait appelé à ses côtés. J'ai la conviction de l'avoir secondé du mieux que j'ai pu, au travers de difficultés sans nombre, dans son œuvre de pacification des esprits, œuvre qui, d'un gouvernement accusé au début de localitisme, a fait un gouvernement fort, durable, d'une assiette solide à Port-au-Prince et dans le pays. Ce sera sa gloire d'avoir fait taire toutes les divisions de partis, d'avoir rassuré les familles et les intérêts généraux de la société, en convainquant chacun que, sous son administration, aucune éventualité quelconque ne ramènerait jamais sur la scène politique l'incendie, le pillage et le meurtre.

Je reste donc persuadé que le général Hyppolite arrivera paisiblement à la fin de son mandat. Je le souhaite, en tout cas, pour sa propre renommée et pour Haïti. Demain, dans le recul de l'Histoire, les erreurs, les fautes inévitables à la faiblesse humaine disparaîtront ou s'atténueront : ce glorieux travail d'une transmission pacifique du pouvoir se dressera et suffira pour faire vivre avec honneur le nom du chef qui l'aura accompli. C'est ainsi que de prime abord les cimes des hautes montagnes captivent seules le regard et écrasent tout ce qui gît à leurs pieds.

Mais le profit en sera surtout pour Haïti. Là est le salut pour elle. L'Histoire des gouvernements issus des révolutions est toujours une calamité pour la morale publique et pour nos finances. Ils sont fatalement voués à perdre la majeure partie de leur temps en tâtonnements pour chercher leur voie, pour se créer un personnel toujours détestable, sans compter les mois gâchés à réunir une Constituante qui bâcle une constitution médiocre, pleine d'obscurités, de lacunes, de contradictions, et qui, en somme, n'est faite que pour flatter les instincts du général de la Révolution, l'élu, avant la lettre, de l'Assemblée.

La transmission légale évitera ces inutiles

complications. Le gouvernement nouveau trouvera la machine gouvernementale installée, en plein fonctionnement. Certes, il y apportera de nombreuses modifications. Mais le moteur existe, il fonctionne, il marche. Et quelle garantie, quelle sécurité désormais pour le fonctionnaire en place! Jusqu'ici, les révolutions triomphantes renvoyaient, sans délai, chacun chez soi, presque sans exception. Il est à présumer qu'il n'en sera plus ainsi et que le chef, légalement nommé, voudra peser le mérite et se donner le temps de la réflexion.

Je ne puis pas dire que ce soit sans illusion que j'ai accepté d'être ministre. Oh! j'en avais..... Je me souviens, à ce propos, d'un mot du général Hyppolite lors d'une visite qu'il me fit longtemps avant mon arrivée aux affaires. Une pluie torrentielle étant survenue, la visite se prolongea, et, selon le péché mignon de l'Haïtien, on causa politique. Je soutins avec chaleur que l'on pouvait tout tenter pour le bien public et que le pouvoir qui l'oserait serait vigoureusement appuyé dans toutes ses réformes par le peuple. Le général sourit en m'écoutant et répliqua, non sans quelque tristesse : *Un jour vous verrez sans doute si cela est si facile. Tout le temps qu'on n'a pas exercé le pouvoir, on ne se fait aucune idée de ses difficultés dans notre milieu si peu stable et sous l'appréhension d'un bouleversement toujours probable.*

Pourtant, malgré mon expérience récente, je persiste à croire que le bien ne peut être réalisé, en Haïti, que par le pouvoir, que nos habitudes sociales, notre état d'âme a fait chez nous véritablement la seule puissance effective. Une vue d'ensemble, une direction unique, une persévérance nettement marquée, visible dans les moindres actions, seront toujours les conditions essentielles de cette transformation.

Spécialement pour les finances, je pense qu'aucune réforme n'est possible qu'au début d'un gouvernement. Ce n'est pas seulement parce qu'il est indispensable d'avoir quelques années devant soi ; il est nécessaire surtout de modeler les hommes et les choses sur le dessein qu'on s'est formé d'une administration financière sévissant inflexiblement contre les abus sans s'arrêter devant aucune considération politique. Le seul moment propice à cette besogne est au commencement du régime. Après il est trop tard, car le pli est pris.

Du reste, ce n'est pas une réforme partielle qu'il faudrait : une refonte générale s'impose. Mais si le nombre est grand de ceux qui en parlent, il est bien petit de ceux qui y songent sérieusement. Car ceux qui exploitent cette situation sous toutes les formes possibles et imaginables, ceux à qui l'État sert de grosses rentes, soit pour des locations ou achats abusifs de maisons, soit pour des subventions aux entreprises dites d'intérêt général, soit pour des fournitures ou travaux qu'ils n'exécutent pas, soit enfin pour aucun motif — ce n'est pas souvent un mauvais titre pour obtenir une rente sur l'État — ceux-là sont légion. Et c'est cette légion qui hurle avec le plus d'ensemble et la plus grande emphase à la corruption et à la réforme. Hypocrisie et cynisme !

Depuis de nombreuses années, les finances haïtiennes sont la proie des maux suivants :

Les dépenses augmentent sans cesse ;

Le montant des dépenses réellement effectuées au bout de l'année dépasse toujours le chiffre fixé préalablement comme définitif et infranchissable par la loi de finances. C'est le système national des paiements sur *reçus à régulariser*. Une des beautés du système consiste à avoir des douzièmes très faibles, au-dessous même des crédits budgétaires. Ça c'est pour le bon public et la Chambre des Comptes. Mais le système permet d'effectuer des sorties de fonds illimitées sur simples reçus qui attendent indéfiniment leur régularisation;

Les recettes sont inférieures aux dépenses votées dans une proportion qui est un véritable désordre;

Enfin, les Chambres législatives, par une fausse conception de leurs devoirs les plus élémentaires, acclament toute augmentation, rejettent systématiquement toute réduction, détruisent l'équilibre si péniblement trouvé par le ministre et à l'heure de l'addition lui disent tranquillement : *Débrouille-toi !*

J'ai constamment lutté, on le constatera dans le cours de cet ouvrage, contre ces funestes procédés. Et aucune marche régulière de nos finances ne sera possible que lorsqu'ils seront complètement vaincus. Car ce sont eux qui annihilent les plans les plus sagement conçus, rendent inexécutables les meilleures conceptions et obligent finalement le ministre à recourir aux errements, aux expédients condamnés pour faire aller le service. Il n'y a peut-être pas une mesure critiquable de notre administration financière — et je le dis pour moi aussi bien que pour mes prédécesseurs — qui n'ait eu, en principe, l'obligation de faire face à une dépense mal avisée ou excessive créée pour le service des autres départements. Cette série de dépenses qu'il faut satisfaire, non seulement rend toute amélioration radicalement vaine, mais elle fait peser sur le ministre des finanees une responsabilité qui n'est plus de la bonne justice distributive. En définitive, ses collègues ont le plaisir de dépenser l'argent qu'il ne trouve, lui, qu'au prix de sacrifices onéreux et impopulaires.

Aussi, ma préoccupation fut, durant mon passage au ministère, d'essayer de diminuer le taux de l'intérêt sur place et d'arriver à nous ouvrir le marché des capitaux en Europe. J'appelai par tous les moyens en mon pouvoir l'attention des capitalistes à l'étranger sur le crédit d'Haïti. C'est ainsi que les obligations de notre Dette extérieure, qui étaient à 160 fr. quand j'arrivai aux affaires, avaient atteint le taux de 250 fr. quand je les quittai et furent admises à la cote officielle de la Bourse de Paris. Notre crédit se capitalisait donc au taux de 6 0/0 à l'étranger et nous payions 15 et 18 0/0 sur place! De nombreuses propositions d'emprunt furent faites, à cette occasion, au gouvernement, propositions permettant une conversion avantageuse de notre Dette flottante. Dans mes différents rapports aux Chambres, j'appelai plusieurs fois leur attention sur ces efforts pour préparer les esprits à une évolution indispensable dans nos finances. Toutefois, je dois ajouter que, pour l'avenir du pays, ce qu'il faut préalablement à toute opération de ce genre, c'est la réduction des dépenses et leur fixation au chiffre réel des recettes.

J'ai lutté pour essayer d'arriver à ce résultat

et je puis me rendre ce témoignage qu'aucune considération ne m'y a fait dévier. Quand je vins aux affaires, l'Etat n'avait aucune ressource disponible ni à l'importation, ni à l'exportation. Je dégageai 0.96 sur nos cafés et ne voulus sous aucun prétexte les rengager dans la suite. Le jour que le Corps législatif voulut me contraindre à les prendre pour équilibrer un budget qu'il avait enflé en dehors de ma participation, je déclarai péremptoirement que je ne le ferais jamais et que les dépenses votées ainsi ne seraient pas acquittées. Il faut chercher là, dans cette résolution inébranlable à ne pas engager nos dernières ressources pour satisfaire des créances qui ne me semblaient pas justifiées, la source de certaines animosités que je me suis attirées. Je dois aussi faire cet aveu : jusqu'au dernier moment, j'ai cru, dans cette session de 1894-95, qu'on ne s'entendrait pas et que, pour le plus grand bien de la nation, le soin d'adopter finalement un budget serait, comme en 1892, laissé à l'Exécutif. Mais trop d'intérêts étaient coalisés contre moi et agissaient dans un sens opposé au mien. Le lecteur verra en parcourant ce volume si toujours ma conduite dans le Conseil n'a pas été d'accord avec celle que j'ai tenue dans les Chambres quand je soutenais la nécessité des réductions.

J'aborde maintenant un sujet plus directement personnel.

Tout le monde sait que la calomnie est l'arme des démocraties et, on l'a déjà remarqué, elle y remplit de nos jours le même office que jadis le poignard et le poison dans les Républiques du moyen âge. La démocratie haïtienne, ou plutôt ceux qui se disent ses représentants, ne se sépare pas des autres démocraties sous ce rapport.

Au fond, le principal élément qui fait agir les deux ou trois individus qui parlent en son nom est la jalousie et l'envie dans ce qu'elles ont de plus bas et de plus méprisable. La politique n'étant pour eux qu'une loterie, ils n'injurient et ne tempêtent que parce qu'ils croient qu'on a amené le gros lot.

Pour la majorité du public, en Haïti, c'est un dogme que le ministre des finances a le pouvoir d'enrichir qui lui plaît et — il va de soi — de s'enrichir lui-même. Ce mot *finances* produit un prestigieux effet sur les imaginations. C'est le ministre distributeur des faveurs, dispensateur suprême des dollars et des gourdes. Toutes les convoitises, toutes les espérances convergent donc vers lui. Mais aussi toutes les haines, si ces espérances et ces convoitises sont trompées !

Au lieu de croire alors tout simplement que c'est un homme qui veut faire son devoir, on n'hésite pas à penser que c'est un égoïste qui garde tout pour lui. Le malheureux a beau rappeler que s'il faut, selon le dicton vulgaire, pour faire un civet avoir un lièvre ou l'équivalent, de même pour voler il faut un complice ou un associé, et faire remarquer que dans le concert donné en son honneur il ne s'est pas trouvé une seule voix pour attester même de quelque légère faveur obtenue de lui... On ne l'écoute pas ; on ne veut pas l'écouter. Il a trompé tout le monde, c'est-à-dire il n'a enrichi personne !

Il se peut qu'à certaines époques, quand les

appointements restaient dix et douze mois impayés, qu'ils s'escomptaient à vil prix, que les ordonnances étaient dressées pour la forme, il se peut que ce portrait d'un ministre des finances faisant la pluie et le beau temps ait eu quelque ressemblance. Mais il n'en est plus tout à fait ainsi et il en sera de même tant que le service se fera régulièrement. Le ministre des finances n'est, en ce sens, qu'un comptable-payeur. Du moment que les pièces sont en règle, que l'argent est en caisse, il ne fait qu'acquitter les comptes. Il n'a pas d'initiative; il n'a pas non plus de commandes à donner. Il voit passer sous ses yeux, il sent, si vous le voulez, le fumet du rôti appétissant du voisin : il ne peut que subir le supplice de Tantale, s'il a quelque vocation pour cet emploi. Là se borne son rôle. Cela n'empêche qu'il ne soit le plus harcelé de tous les ministres, tout le monde s'adressant à lui, se liguant contre lui. Il ne lui suffit pas de se défendre contre le public ; ses propres collègues l'accusent, l'accablent. Et, pour peu que le paiement d'une ordonnance soit retardé par insuffisance de recettes, on rejette toute la faute sur lui. Car il est de bonne guerre d'oublier que les revenus de la République s'élèvent à 7.200,000 gourdes et que le budget des dépenses dépasse 9,000.000.

De là dans le public une irritation latente, sourde, contre le galeux, cause de tout le mal. La seule façon de s'en tirer serait de favoriser quelques-uns au détriment de tous. On aurait alors un petit groupe avec soi, surtout si on le choisit avec habileté, trié sur le volet, parmi les forts en gueule d'estaminet et les intrigants qui ont la prétention de constituer l'opinion publique.

Pour ma part, en arrivant au ministère, je m'étais promis de ne faire que ce qui était strictement juste. Je ne pense pas avoir dévié de cette ligne de conduite. Jusqu'au dernier moment, je n'ai jamais voulu encourager l'escompte des effets publics, en favorisant ceux qui en faisaient métier et profit. Je ne sais si on l'a oublié, mais je me rappelle avoir toujours repoussé ceux qui sollicitaient le paiement d'ordonnances escomptées dans le commerce. Sur le point de me retirer, dans les derniers jours de décembre, ayant en main plus de 500,000 gourdes pour acquitter par anticipation le mois dû seulement le 10 février 1895, je n'ai pas voulu qu'un centime fût détourné du service des appointements. Il m'eût été facile de donner, en payant quelques ordonnances, à des amis de la dernière heure qui avaient cru en moi et défendu mes idées avec désintéressement, cette preuve de mon amitié. Combien d'autres l'eussent fait à ma place! Je n'en conçus même pas la pensée. Ni non plus je ne voulus signer aucune délégation de paiement sur les mois à venir, malgré qu'il y en eût dont le Conseil des secrétaires d'État avait ordonné l'acquittement. J'estimais que le devoir me commandait d'agir ainsi pour ne pas entraver la liberté d'action du département des Finances. En résumé, je n'ai fait de faveurs à personne, pensant que je n'avais pas à en faire. Quant à mes parents, je n'en ai casé ni enrichi aucun, rompant de cette façon avec nos plus vieilles traditions...

Jusqu'au 30 septembre 1894, grâce à des efforts persévérants et avec nos seules ressources de trésorerie, j'ai pu maintenir les effets publics au pair ou avec un léger escompte de 5 à 6 0/0 pour ceux qui, ne voulant pas attendre le paiement préalable des appointements, vendaient à des tiers. Une scène journalière se répétait très souvent à ce sujet : quelqu'un s'adressait-il à moi et me priait-il de lui permettre d'acheter quelques ordonnances avec promesse de paiement immédiat? Pressé, harcelé, j'avais l'air de consentir. Un instant après, l'individu revenait me reprocher de lui avoir fait faire une course inutile, attendu qu'on ne pouvait trouver d'ordonnances à escompter. De ce chef, j'ai dû, sans doute, provoquer quelques colères, quand on devait plutôt se réjouir de cette situation.

Selon l'usage, une fois qu'on a cessé d'être ministre, quelques calomniateurs n'ont pas manqué de dire que je m'étais enrichi au ministère. Je ne pouvais espérer faire fléchir la règle commune en ma faveur; je suis forcé pourtant de rappeler que personne ne peut ignorer que, longtemps avant d'être aux affaires, j'avais une aisance gagnée honorablement dans le commerce. Ruiné par les événements de 1883, je m'étais, au rebours de ceux qui désespérèrent, remis dès le lendemain à la besogne, et, grâce au concours de deux amis — l'un à New-York, l'autre à Port-au-Prince, — je ne tardai pas, quelque temps après, à me trouver à la tête d'une situation florissante. Chaque année je voyageais en France, et ma famille y faisait de longs et fréquents séjours. Ce que je pratiquais pour moi, je le recommandais à mes concitoyens : « Voyagez, instruisez-vous, leur ai-je crié souvent. Notre pays ne sera pas éternellement voué à la médiocrité de premier ordre, et vous ne le supporterez plus en constatant par vous-mêmes les bienfaits de la civilisation (1). »

Il n'y a donc rien d'étonnant si je suis actuellement en France et si ces lignes sont datées de Paris. Ce n'est pas la première fois que cela m'arrive... Mais demain je serai en Haïti, prêt à prendre ma part de la vie nationale, de ses dangers, de ses luttes, de ses

(1) *Questions haïtiennes*, pages 23, 24 et 25.

espérances aussi... Pourquoi, au surplus, ce que je faisais hier aurais-je peur de le faire aujourd'hui? Je sais que c'est dans l'habitude de nos hommes d'État de capituler devant la calomnie et le mensonge. Ces principes, quant à moi, n'ont jamais dirigé ma conduite. Je ne suis plus ministre, je suis libre, maître de mes actions et, fort de ma conscience, je brave tous nos Pharisiens.

Des journalistes, en quête de malveillance, ont pris une phrase d'un de mes ouvrages et ont essayé, durant et après mon ministère, d'en faire une arme facile contre moi. Ils ont dit que j'offrais en exemple à mes concitoyens le fonctionnaire qui prélève *une petite dîme* sur les revenus de l'État. Je rappelle que quand ce mot fut écrit, — et naturellement pas dans le sens qu'on lui prête, — je n'étais qu'un simple publiciste pouvant donner à ma pensée tous les développements qu'elle me semblait comporter. Sous le rapport des résultats acquis, j'établissais dans l'ouvrage en question une comparaison entre le politique intelligent, mais peu scrupuleux ou qui passe pour tel, et l'administrateur qui, n'ayant pour seul argument que sa réputation de vertu, laisse tout gâcher en attendant.

J'avais en ce moment à l'esprit la dernière période de notre guerre civile et la phrase s'appliquait exclusivement à quelques hommes du gouvernement de Port-au-Prince. Oui — que nos puritains s'en formalisent s'ils veulent — dans ces tourmentes, celui qui va droit au but, sans tâtonnement, raccourcissant ainsi la durée du cyclone au prix d'actes qu'il faut blâmer tout en en profitant, est préférable à celui que certains scrupules tourmentent et arrêtent. Il n'y a pas d'hésitation possible dans le choix à faire.

Je n'ai jamais proclamé, du reste, que c'était là mon idéal ; bien plutôt j'ai écrit tout le contraire. Je proteste donc l'application de ce mot selon que mes adversaires l'emploient. Et puisqu'ils veulent absolument que je sois un homme très habile, ils conviendront que je n'aurais pas fait là preuve de grande habileté en dévoilant le fond de ma pensée... Combien, au reste, me reprochent d'avoir exprimé cette théorie dont, cependant, l'idéal le plus élevé pour Haïti ne dépasse pas celui d'un gouvernement qui centraliserait les faveurs au sommet et réprimerait avec la dernière rigueur toutes les tentatives de second degré ! Ils voient dans cette minorité aristocratique du *djob* — pourvu qu'ils en soient — le bonheur national...

On a dit enfin que je m'étais cramponné au pouvoir. Rien de plus faux, rien de plus mensonger. On verra plus tard, dans la partie consacrée aux Chambres, par une lettre adressée au Président de la République, que, dès le 9 septembre 1893, je voulais me retirer, et on constatera que dans les premiers jours de la session de 1894 j'y étais absolument résolu. Malheureusement une indisposition subite du chef de l'État m'empêcha de donner suite à ma résolution. Je crus qu'il était de mon devoir envers le général Hyppolite de rester jusqu'à la clôture des travaux législatifs. Mais qui oserait soutenir que dès cette époque je n'ai pas harcelé le Président pour avoir un successeur ? C'était là le sujet quotidien de mes entretiens avec lui. Je lui faisais chaque jour remarquer, tant en Conseil que privément, que l'intérêt de son gouvernement lui ordonnait un changement de ministère.

J'estimais que le cabinet était usé, fatigué, tant par les luttes quotidiennes que par les événements auxquels il avait pris part et qu'il ne pouvait plus lui rendre les services qu'il était en droit d'en attendre. Je sais qu'on a insinué qu'en agissant ainsi, qu'en tenant ce langage publiquement, je jouais un double jeu : que je poussais à la dislocation du cabinet, avec l'espoir que le Président en formerait un autre dont je ferais partie. J'atteste que cette pensée ne m'est jamais venue. Au contraire, je soutenais dans les différents cercles politiques que le Président devait accepter la démission de tout le monde et ne rappeler personne. « Pas de replâtrage, disais-je. Il faut des hommes absolument nouveaux ! »

Si je n'avais écouté que mes intérêts propres — et, certes, j'avais assez le sentiment de la situation pour le comprendre — j'eusse provoqué une crise ministérielle dès le début de la session de 1894. Mais l'affection profonde que j'ai toujours eue pour le général Hyppolite me retint. Je voulus qu'il fût, au préalable, bien convaincu de cette nécessité. Il ne se passa donc pas de jour que je ne l'en entretinsse. Je me défendais devant les Chambres ; c'était mon devoir, c'était le gouvernement que je défendais. Mais j'adjurais le Président d'accepter notre démission. « Le cabinet, lui disais-je, est un vieux parapluie auquel vous avez déjà fait pas mal de pièces. Il ne vous protège plus. L'eau le transperce de toutes parts. Il est temps de vous en payer un tout neuf. » Le général Hyppolite, dont personne ne saurait contester la parfaite connaissance des choses de son pays, écoutait et ne se décida enfin qu'à l'heure qu'il s'était réservée.

Il est donc absolument faux que je me sois cramponné au pouvoir. Dès les premiers jours, j'en étais absolument dégoûté et j'avais déjà plusieurs fois manifesté ce dégoût : « Ah ! Président, lui disais-je parfois, quel cadeau m'avez-vous fait là ! Si je ne savais vos sentiments, je croirais vraiment que vous ne m'avez pas traité en ami! »

Ce qui a pu faire penser le contraire à mes adversaires, c'est la vigueur que j'ai mise à me défendre devant les Chambres.

Ils ont pris pour l'amour du pouvoir ce qui n'était chez moi que le sentiment du devoir, lequel, dans quelque cause, dans quelque situation où je me trouve, m'ordonne de défendre le poste confié.....

Parmi mes calomniateurs, l'un s'est particulièrement distingué par la furie et l'épilepsie de ses attaques : je veux parler du mandataire de Gros-Morne, totalement inconnu, il y a à peine quelques années, non seulement du pays, mais encore de lui-même.

Député par une grâce d'état tellement surprenante, à son propre jugement, qu'il n'osa jamais affronter la face de ses électeurs, il essaya vainement à la Chambre de se signaler à l'attention publique par une série d'interpellations grotesques. Gesticulateur de première grandeur, la bouche ouverte à la tribune en *O* majuscule, l'éloquence consista pour lui en ce geste de mâchoire et en trépidations frénétiques où, au lieu d'arguments, il montrait le blanc de l'œil. Sur toutes questions, il demandait la parole. Finances, guerre, marine, instruction publique, il embrassait tout, pérorait sur tout, invoquant cent fois à la minute, pour la plus grande joie de la galerie, Assyriens, Babyloniens, Perses et Mèdes à propos de la plus mince affaire.

Petit de taille, long d'appétit, ce réformateur qui ne parlait tant que pour donner le change et masquer ses trouées dans le bois de nos finances, est le plus gros budgétivore de la République : sous prétexte d'École professionnelle, il nous soutire bon an mal an plus de vingt mille piastres.

Il avait formé un grand dessein qui n'a pas abouti : il voulait faire d'un des siens un ministre. Il aurait alors fondé deux ou trois autres écoles professionnelles et capté toutes les fournitures du département au nom de l'avancement de ses concitoyens. Car c'est le signe distinctif de tous ces réformateurs qu'ils ont besoin eux-mêmes d'être réformés incontinent. On n'a qu'à leur enlever le faux badigeon de libéralisme et d'indépendance dont ils s'affublent pour les trouver associés à bien des tripotages. Heureusement que ces Vautrins de notre politique ne font plus illusion qu'à quelques rares badauds.

L'événement fit avorter la combinaison. De là, contre les hommes en place, la fureur de cet ami du peuple, de ce tribun en carton — de l'espèce dont furent confectionnées certaines semelles de souliers fournies naguère à nos soldats. De là sa colère, d'autant plus légitime, à son idée, qu'il n'a pas su garder la petite pelotte gagnée au jeu des révolutions. Les rêves auxquels il lui est défendu maintenant de prétendre, il me les prête : ces gens-là ont toujours aimé à parer les autres de leurs vertus.

Les princesses du trottoir parisien troublent son sommeil et émacient sa face; les flonflons des tripots borgnes hantent ses nuits et lui soufflent au réveil les poussives métaphores grâce auxquelles il pense forcer notre confiance et attraper commandes et subventions.

N'importe, il prête tout cela à son adversaire, ne se souvenant plus que bien longtemps avant que les échos de la Chambre eussent célébré la gloire charentonnesque d'Étienne Mathon, cet adversaire voyageait chaque année à Paris. Il n'y venait pas pour les duchesses interlopes; il y venait parce que Paris est le cerveau du monde, et il conviait ses concitoyens à se retremper et à s'élargir dans le commerce de ce cerveau Ce n'est pas de sa faute, en vérité, si le député de Gros-Morne, suivant mal ce conseil, a cru de bonne foi que l'éloquence s'enseignait dans les parades de foire et que les mauvais lieux résumaient toute la vie de la grande cité... Mais je laisse Lindor essayer de se refaire en pinçant de plus en plus désespérément la guitare de l'amour du peuple.

Je ne veux pas finir sans rendre un public hommage au concours empressé, désintéressé, que j'ai trouvé, durant mon ministère, dans le personnel exceptionnellement intelligent et dévoué du département des finances et du commerce. On ne saurait rencontrer une élite plus remarquable, plus foncièrement honnête, tranchant davantage sur la foule des quémandeurs pour qui le bon ministre des finances doit réaliser la fable de Jupiter arrosant Danaé d'une pluie d'or. Citer des noms est impossible ; il faudrait trop citer.

Toutefois, qu'il me soit permis de nommer deux hommes, dont la valeur intellectuelle, le patriotisme éclairé, m'ont procuré, dans un commerce que je me rappelle avec plaisir, l'occasion de reconnaître et d'apprécier le mérite. L'un est M. Dantès-Dujour, chef de division au département du commerce. L'autre est M. Alexandre Lilavois, chef de la comptabilité au département des finances. Je veux croire pour mon pays que ces deux hommes ne tarderont pas, dans un avenir prochain, à arriver aux affaires, si la rectitude du caractère, la conscience des maux dont nous souffrons, la science du remède à appliquer sont des titres suffisants pour obtenir cet honneur.

F. M.

Paris, le 1er juillet 1895.

SITUATION FINANCIÈRE DE LA RÉPUBLIQUE

Port-au-Prince, le 26 août 1892,
An 89e de l'Indépendance.

Le Secrétaire d'État au Département des Finances et du Commerce à Son Excellence le Président d'Haïti.

Président,

Vous m'avez fait l'insigne honneur de me confier le portefeuille des Finances : je dois justifier votre choix par le dévouement le plus absolu, le travail le plus opiniâtre et mettre au service de votre gouvernement tout ce que je puis avoir d'énergie et de force.

C'est l'engagement solennel que je prends vis-à-vis de Vous.

Il m'a fallu quelques jours pour me rendre compte de la situation financière de la République. Cette situation, je ne la dépeins pas à Votre Excellence, je lui soumets des chiffres : ils parleront d'eux-mêmes.

Pour le premier semestre de l'exercice en cours, les droits constatés ont produit :

A l'Importation. G. 2.082.015 40
A l'Exportation..... 2.291.071 65 G. 4.373.087 10

N'ayant pas encore reçu de toutes les administrations des finances leurs états de droits locaux pour le deuxième semestre de cet exercice, le département se trouve dans l'impossibilité d'établir les chiffres de la recette à partir d'avril 1892. Néanmoins, pour avoir des données sinon réelles, au moins approximatives, sur nos recettes du deuxième semestre en question, nous avons dû prendre pour base les chiffres du deuxième semestre de l'exercice 1890-1891, tout en tenant compte de la différence qui résultera, selon toutes probabilités, de la supériorité des revenus de cette période de l'exercice dernier sur ceux des deux tri-

A reporter........... G. 4.373.087 10

Report ....G. 4.373.087 10

mestres de l'exercice en cours, un cinquième environ, soit :

Importation..... G. 2.211.051 36
Exportation........ 1.084.198 94

G. 3.295.250 30

Un cinquième en moins.......... G. 659.050 06

2.636.200 24

A ce chiffre, si nous ajoutons le produit des impôts divers dont le montant pour toute l'année peut être évaluée, selon nos prévisions, à environ....................... G. 150.000 »

On obtiendra............ G. 7.159.287 34

Dépenses. — Les charges de l'État pour l'exercice 1891-92 comprennent :

1° Crédits budgétaires ouverts aux départements ministériels......... G. 5.829.147 29

2° Crédits supplémentaires votés par

A reporter... G. 5.829.147 29 7.159.287 34

Report.......	G. 5.829.147 29	7.159.287 34
le Corps législatif, le 29 novembre 1891..	206.105 »	
3° Compte de liquidation (crédit spécial au département de l'Instruction publique — voir budget de 1891-92).....	9.201 79	
4° Service de la dette publique......	1.954.316 67	
5° Service de la Banque............	174.850 36	
6° Crédit supplémentaire aux départements des relations extérieures, de la guerre et de l'intérieur (arrêté du 1er mars 1892, de Son Excellence le Président de la République d'Haïti)........	432.849 17	
7° Chambre des députés, pour deux		
A reporter.....	8.669.470 28	7.159.287 34

Report.......	G. 8.669.470 28	7.159.287 34
mois d'indemnités...... G. 57.000		
8° Pour l'échange des billets de caisse détériorés, 3,000 par mois.... 36.000		
93.000		
Dépenses générales...	G.	8.699.470 28
Déficit probable......		1.540.182 94

Pour les deux derniers mois de l'exercice, août et septembre, les recettes probables à l'importation s'élèvent à environ............. G. 542.827 62

Impôts divers......		12.500 »
	G.	555.327 62

D'après le relevé suivant des allocations budgétaires, les dépenses des mêmes mois atteindront :

Relations extérieures

Crédit budgétaire....	3.368 84	
A reporter.	3.368 84	555.327 62

Report .. G.	3.368 84		555.327 62
Crédit supplémentaire	2.962 48		
	6.331 32	6.331 32	
Finances et Commerce			
Crédit budgétaire....		124.554 74	
Guerre			
Crédit budgétaire...	178.227 67		
Crédit supplément^re^	33.826 29		
	212.053 96	212.053 96	
		343.940 02	
Marine			
Crédit budgétaire.....		30.291 50	
G.		373.231 52	
Intérieur			
Crédit budgétaire P.	301.581 10		
Crédit supplément^re^	172 86	201.753 96	
Travaux publics			
Crédit budgétaire.. P.		192.441 08	
Agriculture			
Crédit budgétaire.....		54.956 36	
Instruction publique			
Crédit budgétaire.....		168.032 70	
A reporter .... G.		990.415 62	555.327 62

Report .... G.	990.415 62	555.327 62
Justice		
Crédit budgétaire....	83.587 67	
Cultes		
Crédit budgétaire....	28.031 32	1.102.034 61
Différence.. P.		546.706 99

A ce chiffre s'ajouteront :

1° Le solde débiteur de la Banque au 11 de ce mois, qui ne devra pas changer au 30 septembre, puisque la Banque, se remboursant de ses avances au fur et à mesure des rentrées, fait d'autres avances à l'État, soit........................ P. 738.203 51

2° Les ordonnances en dépôt au Ministère des finances :

Relations extérieures.	12.594 40	
Finances et Commerce	1.329 11	
Guerre et Marine.....	14.393 55	
Intérieur.............	49.881 06	
Travaux publics.....	120.990 06	
Agriculture..........	10.230 »	
Instruction publique.	9.451 83	
Justice	4.193 71	
A reporter......	223.063 72 P.	1.284.909 50

Report	223.063 72	P. 1.284.909 50
Cultes	6.337 50	
	229.401 22	229.401 22
3° Les contre-bons actuellement en circulation		22.470 70
4° Une partie des sommes qui seront dues au Syndicat financier; il y a lieu, selon les probabilités, d'évaluer cette créance au 30 septembre à la somme de P. 500,000, et déjà figurent P. 350,000 au budget du prochain exercice, soit.....		150.000 »
5° Les bons à échéance, faveur Bobo	P. 10.000 »	
Miot Scott et C°, deux termes................	12.546 66	
	22.546 66	22.546 66
De ce chiffre		P. 1.709.329 08
doivent être défalquées les valeurs suivantes, payées sur reçus à régulariser sur les allocations du prochain exercice :		
Relations extérieures	P. 20.000 »	
Guerre...............	84.375 »	
A reporter	P. 104.375 »	P. 1.709.329 08

Report..........	104.375 »	P. 1.709.329 08
Intérieur..............	64.811 14	
	169.186 14	169.186 14
Le déficit à combler le 30 septembre sera donc d'environ.....		P. 1.540.142 94

Il n'y a pas lieu de penser que les recettes du prochain exercice permettent de régler ce découvert, puisque le budget des recettes de l'exercice 1892-93, présenté par mon prédécesseur, comparé à celui des dépenses, laisse un déficit de P. 572,711, soit :

Budget des voies et moyens....	P. 8.032.397 »
— des dépenses...........	8.605.113 »
Déficit..........P.	572.716 »

Mais au lieu de P. 8.032.397, les recettes, selon mes prévisions, atteindront à peine	P. 7.200.000 »
de là un déficit nouveau de.......	1.405.113 »
auquel il faudra ajouter :	
1° Affaire « Haitian Republic » en voie de règlement, à peu près..	120.000 »
2° Créance Rivière et C°........	350.000 »
A reporter...............P.	1.875.113 »

Report	P. 1.875.113 »
3° Miot, Scott et C° (Wharf de Port-au-Prince)...................	62.733 30
En additionnant les............	P. 1.937.846 30
au déficit de l'exercice 1891-1892..	1.540.142 94
on aura, au 30 septembre 1893, un déficit de	P. 3.477.989 24

plus les garanties d'intérêts sur les contrats en cours, notamment les chemins de fer, les restitutions des droits de wharfage sur les contrats du wharf du Petit-Goâve et de celui de Jacmel, etc.; les pensions à liquider conformément à la loi; les nouveaux crédits qui seront probablement demandés pour faire face à ces dépenses urgentes et enfin toutes autres dépenses augmentant encore les charges de l'État.

Pour ce qui est des droits fixes d'exportation, je vous ferai remarquer qu'ils ne peuvent en ce moment être disposés puisqu'ils sont affectés à la liquidation de l'emprunt du 27 janvier 1892, ainsi qu'il doit en être rendu compte aux termes de la loi.

Telle est la situation, Président. Elle n'est pas brillante, il ne faut pas se le dissimuler. Une foi robuste, un labeur incessant, une activité sans cesse en éveil ne suffisent pas pour la changer. Le précieux concours des conseils de Votre Excellence, et la certitude qu'elle m'encouragera de toute sa sympathie dans l'œuvre que je vais entreprendre, sont les puissants auxiliaires sur lesquels je m'appuie. Dans le poste de combat où il vous a plu de me placer et où, en toute loyauté, je vous promets de faire tout mon devoir, qui, autre que Votre Excellence, peut soutenir mon courage et relever mes défaillances ?

Je reste de Votre Excellence le très humble et très dévoué serviteur.

F. MARCELIN,

DÉPARTEMENT DU COMMERCE

Port-au-Prince, le 23 novembre 1892,
An 90e de l'Indépendance.

Le Secrétaire d'État au Département des Finances et du Commerce à Son Excellence le Président d'Haïti.

PRÉSIDENT,

J'ai l'honneur de soumettre à Votre Excellence mon rapport sur le département du commerce que vous avez bien voulu confier à mon patriotisme.

La triste situation faite au commerce par l'une des plus formidables crises qu'il ait eu à traverser a réduit notablement nos importations.

La prudence et l'état du marché prescrivaient d'attendre l'écoulement des stocks existants avant de faire de nouvelles commandes. Néanmoins, les affaires semblent vouloir reprendre, et si le mouvement commercial n'est pas ce qu'il a été dans les années prospères, il n'en est pas moins vrai qu'il est plus important qu'il n'a été l'année passée à pareille époque.

La démonstration de ce fait à l'aide de chiffres eût été plus suggestive et plus convaincante; mais comme nous éprouvons forcément du retard dans la réception des droits locaux, je me réserve de mettre sous les yeux de Votre Excellence, dans un autre rapport, les tableaux de nos importations pour ces deux années, pendant les deux derniers mois de l'exercice périmé et le premier de celui en cours.

Devant l'état précaire du commerce, qui devait influer sensiblement sur nos ressources, mon premier devoir, en prenant les rênes de ce département, a été de faire appel aux lumières et à la fermeté des administrateurs des finances et des directeurs de douane, pour les inviter à tenir la main à l'exécution des lois douanières.

La tâche consistait à obtenir non seulement la plus entière, mais aussi la plus prompte perception des redevances du fisc, sans trop paraître pressurer le commerce déjà assez éprouvé. Pour nous approprier, en effet, les principaux engins de civilisation, l'intégrité dans la perception de nos droits de douane ne suffit pas; il faut encore que cette perception soit faite dans un délai tel que nous ne soyons pas obligés, forcés même, pour satisfaire aux dépenses urgentes, de recourir aux emprunts payables avec ces mêmes droits de douane : ces expédients nous imposent de trop grands sacrifices.

Si mes efforts dans ce sens n'ont pas été couronnés d'un complet succès, il n'en est pas moins vrai que les améliorations obtenues sont fort sensibles.

La vigilance de nos douaniers et des autres fonctionnaires préposés au contrôle des opérations douanières a prévenu ou réprimé la fraude, et grâce à l'application de la loi du 29 septembre 1891, les négociants n'attendent plus, comme naguère, qu'il se soit écoulé des mois avant de vérifier les marchandises et d'en acquitter les droits. Au contraire, ils se hâtent pour ne pas encourir les pénalités de cette loi.

Aussi nos douanes se vident-elles au fur et à mesure qu'elles s'emplissent, et les colis ne quittent plus ces établissements si les droits n'en sont strictement payés au préalable. Mais si l'État se montre sévère quand il s'agit des impôts, l'équité, par contre, veut qu'il donne au commerce certaines satisfactions qui ne sont que trop légitimes.

La question de locaux qui servent d'abri aux marchandises et garantissent les droits du fisc est de celles qui doivent arrêter tout particulièrement l'attention du gouvernement. Certaines douanes de la République sont dans un état de vétusté tel qu'elles ne laissent pas de donner des appréhensions pour les marchandises qui y sont déposées. Au fur et à mesure qu'elles me sont signalées, je m'empresse de prévenir mon collègue des travaux publics, qui a fait bon accueil à mes renseignements.

L'empressement que le commerce met à s'acquitter vis-à-vis du fisc dictait l'emploi de certaines mesures qui tendent à le faciliter dans ses opérations. De là la pensée de faire ouvrir la douane de Port-au-Prince de huit heures et demie à midi le matin et de deux à cinq heures l'après-midi, de façon qu'il y ait deux vérifications par jour. Cette mesure était d'autant plus urgente et bienfaisante que nous étions à la veille de la récolte, époque où les affaires acquièrent une certaine animation. Dans le même esprit, j'ai défini les attributions des inspecteurs et des sous-inspecteurs qui, avant, ne se croyaient point obligés de suppléer les contrôleurs absents : ce qui amenait des temps d'arrêt regrettables dans le service. Je me suis, en outre, évertué à résoudre avec promptitude les contestations survenues entre l'État et les commerçants. Ces contestations naissent toujours de l'ambiguïté ou du silence de notre tarif. Ce code douanier n'a pas été malheureusement revisé en son heure et mis en harmonie avec les besoins du commerce et les progrès de l'industrie.

De là les lacunes que chacun y signale et que la commission de revision s'attachera à combler.

L'importation de la kérosine, frappée d'un droit prohibitif, a donné lieu à une contrebande effrénée. J'ai dû prendre des mesures qui n'ont que médiocrement modéré l'ardeur de ceux qui se livrent à ce commerce interlope. Aussi le seul moyen, le vrai *critérium* pour faire cesser cette contrebande, c'est de dégrever ce combustible.

Les colis à *ordre* aussi ont une tendance à faciliter la fraude. Renvoyés en général à l'exportation, la négligence, et parfois la complaisance de certains employés, ont pu permettre que ces colis fussent enlevés de la douane en ne payant que des droits dérisoires.

J'ai pu enrayer le mal en faisant appliquer à ces colis la loi du 29 septembre et en les soumettant à des vérifications spéciales. Par surcroît, j'ai délégué à la douane d'ici M. l'inspecteur général X..., avec mission de les vérifier, ainsi que ceux à l'exportation.

Aux yeux de ceux qui pensent, Président, que le colis à ordre est le produit d'une tolérance déjà ancienne de l'administration, ces mesures peuvent paraître faibles ou être considérées comme de simples expédients. Mais il est certain que ces sortes de colis sont consacrés par la loi même, de sorte que nous ne pouvons pas les proscrire sans modifier notre droit public. Le Code de commerce, en effet, en permettant que le connaissement soit à ordre, permet, par voie de conséquence, que le colis le soit aussi. C'est pourquoi l'Administration ne peut que se borner à entourer ce colis d'une telle série de formalités qu'il devienne impossible de l'enlever frauduleusement, et que même l'expéditeur soit contraint d'y renoncer, à moins qu'il ne cède à de puissantes raisons tirées de la nécessité de connaître le degré de solvabilité de celui avec qui il veut entrer en relations d'affaires.

La fraude n'est pas d'ailleurs plus spéciale à ce colis qu'à celui à *personne dénommée*, et dans l'un et l'autre cas la fermeté, la vigilance, et par-dessus tout la probité des douaniers sont des barrières aussi, et peut-être plus puissantes que les prescriptions légales.

Profitant de la récolte, j'ai délégué dans divers arrondissements financiers les membres du bureau d'inspection et du contrôle. Ils y resteront tant que les besoins du service le commanderont.

Le bon effet de cette mesure se manifeste principalement dans ce fait qu'ils ont pu hâter le recouvrement de sommes considérables dues sur le dernier exercice, et je ne manque pas de leur prescrire de poursuivre avec instance l'amortissement de toutes les créances de l'État

A mon avènement au ministère, j'ai été frappé de voir que l'impôt des timbres mobiles ou proportionnels donnait un rendement presque nul, malgré le développement incontestable de nos opérations commerciales.

J'ai adressé une circulaire aux agents de change, qui doivent tenir la main à l'exécution de la loi sur ces timbres. Ils m'ont répondu que, malgré tous leurs efforts, ils n'ont pas pu faire exécuter la volonté du législateur. C'est qu'en effet le mode d'après lequel se font les ventes de traites, de lettres de change ou la négociation des effets commerciaux susceptibles d'être timbrés, ne leur permet guère de s'assurer si cette loi est exécutée. En la soumettant aux débats de la Société de Législation, j'aurai soin d'appeler tout particulièrement son attention sur les lacunes qui la remplissent.

C'est sur ces considérations que je fermerai ce rapport, en priant Votre Excellence d'agréer l'hommage de mon respect et mon dévouement.

F. MARCELIN.

DÉPARTEMENT DES FINANCES

Port-au-Prince, le 23 novembre 1892,
An 89ᵉ de l'Indépendance.

Le Secrétaire d'État au département des Finances et du Commerce à Son Excellence le Président d'Haïti.

PRÉSIDENT,

Par les efforts constants que je ne cesse de faire pour assurer une marche régulière à l'Administration financière de la République, le service du département des finances dont Votre Excellence a bien voulu me confier la direction ne tardera pas, je l'espère, à s'effectuer de manière à donner toute satisfaction au Gouvernement.

La situation s'améliorera grâce au bienveillant concours de Votre Excellence et à l'appui qu'elle veut bien me prêter dans le poste où je lui ai promis de remplir consciencieusement mon devoir.

L'arriéré de l'exercice 1891-1892 est en partie

éteint et des mesures sont prises pour en parfaire le règlement.

Dans le but d'établir au 31 décembre prochain, d'une manière claire et précise, les comptes de liquidation de cet exercice, j'ai adressé ces jours derniers une circulaire aux administrateurs des finances de la République pour les inviter à me faire tenir les documents suivants :

1° L'Etat des valeurs à recouvrer pour compte de l'exercice budgétaire qui vient d'expirer.

2° Celui des ordonnances émises par leurs administrations et non encore acquittées.

Quand ces états me seront envoyés, je pourrai dresser les comptes de liquidation et j'aurai l'honneur de les placer sous les yeux de Votre Excellence.

Je suis disposé, conformément aux prescriptions de l'article 58 du règlement pour le service de la Trésorerie, à fermer l'exercice définitivement au 31 décembre prochain. A cette date, les valeurs revenant au fisc auront été versées à la caisse publique et employées au paiement des ordonnances de dépense dues jusqu'au 30 septembre dernier.

A part les recettes des douanes qui forment les principales ressources de l'Etat, il en est d'autres qui, recouvrées intégralement, pourraient servir à acquitter dans une bonne proportion bien des dépenses budgétaires. Je parle des droits d'enregistrement, de fermage et du produit des greffes.

Ces diverses catégories de revenus ne sont perçues qu'imparfaitement et les valeurs encaissées de ce chef restent quelquefois en possession des agents percepteurs.

Les meilleures dispositions sont prises et elles ont pour objectif d'empêcher le retour de pareilles irrégularités.

L'exécution pleine et entière des Règlements et Lois actuellement en vigueur étant la base essentielle de toute administration régulière, je n'ai point manqué d'y attirer, toutes les fois que je l'ai cru nécessaire, l'attention la plus soutenue des fonctionnaires de mon département sur ce point capital.

C'est par ce moyen et aidé des précieux conseils de Votre Excellence que je parviendrai à assurer l'ordre dans les différentes branches du service administratif et à obtenir dans le rendement des ressources publiques des résultats pouvant permettre peut-être d'atteindre les prévisions budgétaires qui, on ne doit point l'oublier, sont grandement majorées.

Cette question fait l'objet de ma plus vive préoccupation. Si je ne prenais des mesures énergiques pour enrayer les abus regrettables qui existent dans bien des administrations, il se présenterait, à la fin de l'année budgétaire, des déficits considérablés à couvrir par des emprunts, lesquels emprunts, diminuant dans une notable proportion les prochaines recettes, augmenteraient encore les charges de l'État.

Il y aurait lieu de s'attendre sous peu à une situation financière des plus précaires. Pour parer à nos dépenses, il faut absolument une stricte perception des droits de douane. Mon devoir m'ordonne donc de ne pas faiblir devant ceux qui seraient tentés de dépouiller l'État. Nos administrations publiques sont assez bien payées pour être rigides.

Permettez-moi, Président, d'établir la situation du Gouvernement avec la Banque depuis le commencement de cet exercice :

Pour le mois d'octobre, les recettes recouvrées à l'importation ont atteint la somme de		$ 133.664 15
Versement du Syndicat............		150.000 »
		283.664 15
Du 1er au 17 novembre, recettes effectuées à l'importation.	$ 145.555 49	
Versement du syndicat	150.000 »	295.555 49
		$ 579.219 64
Dépenses du mois d'octobre......	$ 171.849 02	
Dépenses du 1er au 16 novembre	331.339 60 ...	483.188 62
Balance au crédit du Gouvernement.		$ 96.031 02

Recettes en or à l'exportation. Octobre	96.638 32
— 1er au 15 novembre	68.139 47
Ensemble $ 164.777 79 pour les services suivants....................	$ 164.777 79
Service de la Dette intérieure.......	13.763 27
Somme affectée au remboursement de l'emprunt du 6 mars 1890.....	13.763 27
Augmentation. — Emprunt du 22 juillet 1891......................	32.090 25
0 50 cents des droits fixes..........	17.763 27
0 33 1/3 Dette Extérieure........	9.175 50
0 26 2/3 Conversion de billets de $ 5	7.340 42
0 30 cents Miot Scott, J. Déjardin, Th. Luders et Brickenridge......	8.258 01
Commissions sur recettes en or.....	2.471 67
Recettes affectées au remboursement de l'Emprunt du 27 janvier 1892..	63.915 64
Recettes disponibles..............	236 49

Le solde de l'emprunt du 6 mars 1890 est de $ 29.676 56, et les valeurs encaissées pour son remboursement permettront sous peu une répartition entre les ayants droit.

Déjà, il a été versé dans le cours de cet exercice la somme de $ 516 59 sur l'emprunt du 22 juillet 1891, il reste à verser pour le liquider définitivement celle de $ 193.119 90.

Une répartition de $ 39.925 50 faite au syndicat financier à la date du 31 octobre dernier, réduit le montant de sa créance à $ 700.378 12.

Au 15 courant, le compte des 33 1/3 à l'exportation, destiné au paiement de la Dette extérieure ne s'élevait qu'à $ 25.569 23 or, et celui des 0.50 cents destiné au service de la Dette Intérieure atteignait à cette même date $ 8.805 14 or.

Pour arriver à racheter les différents emprunts contractés sur place à des conditions tout à fait onéreuses pour l'Etat, j'ai dû inviter l'agent financier du gouvernement à Paris à s'entendre avec des banquiers et capitalistes d'Europe aux fins d'établir un syndicat chargé de mettre à la disposition du gouvernement les sommes nécessaires au service public, à un taux raisonnable.

Déjà il a commencé des démarches dans ce sens, et prochainement il me fera connaître le résultat des négociations entreprises. Je ne manquerai point, dès qu'il m'aura adressé des communications à ce sujet, d'en entretenir Votre Excellence.

En terminant, je crois devoir vous faire remarquer qu'il n'existe en dépôt dans mes bureaux qu'une seule ordonnance appartenant à l'exercice courant — département de l'intérieur — laquelle s'élève à la somme de $ 35.000, ce qui implique que toutes les dépenses du mois d'octobre ont été en grande partie payées.

Daignez agréer, Président, l'hommage respectueux de mon dévouement le plus absolu.

F. MARCELIN.

ORDONNANCES DRESSÉES EN OR

Port-au-Prince, 20 décembre 1892.

A Son Excellence le Président d'Haïti en son Conseil des secrétaires d'Etat.

PRÉSIDENT,

La mise en pratique, depuis trois mois, du budget de l'exercice 1892-1893 m'a inspiré quelques réflexions que je crois devoir vous soumettre : elles ont trait aux ordonnances de dépenses dressées pour fournitures payables en or américain.

Dans un pays comme le nôtre, où il n'existe point d'étalon d'or, où les prévisions au budget des recettes pour cette monnaie ont des affectations spéciales et les *absorbent toutes*, où toutes les allocations dont dispose le gouvernement figurent au budget des dépenses en monnaie nationale, n'est-ce pas un vrai danger de voir les départements ministériels s'engager, avec des tiers, pour l'acquisition de fournitures payables en or américain?

A part le traitement de nos agents à l'extérieur, leurs frais de police, le salaire des étrangers engagés par contrat, et quelques commandes d'un genre spécial directement faites par l'Etat, toutes les dépenses généralement quelconques devraient être, il me semble, acquittées en monnaie nationale. Quelqu'un se présente, sollicite une fourniture, une subvention, un travail à exécuter en or, déclare-t-il. Ne peut-on, à ce moment, l'obliger à convenir d'une prime équitablement basée sur la moyenne de l'année? Cette prime ajoutée au capital constituerait le chiffre total de la créance contre l'Etat, mais en gourdes nationales.

Qu'importe si quelques transactions de ce genre tournaient parfois à notre détriment? Le résultat général nous dédommagerait amplement et la répression de l'agio deviendrait plus facile.

En effet, vous n'ignorez pas, Président, que depuis le mois d'octobre jusqu'à ce jour, époque de l'année administrative où d'ordinaire les départements ministériels se procurent les fournitures nécessaires à la bonne marche du service public, les ordonnances de dépenses dressées en or américain ont puissamment contribué à alimenter les fluctuations du change. Chacun sait, en consultant le douzième, quels seront les besoins de l'Etat et chacun spécule là dessus.

Voici le chiffre des valeurs en or américain exigées par le service public rien que pour le premier trimestre de l'exercice 1892-1893 :

Octobre 1892	Or.	$ 175.712 23
Novembre —		127.203 45
Décembre —		155.168 82
		458.084 50

Sans compter 100.000 piastres en or pour les travaux hydrauliques des Gonaïves et du Cap ordonnancées à l'exercice périmé, mais payées durant ce mois.

Il est indéniable que ces appels mensuels et à périodes déterminées exercent une notable influence et dans un sens que nous devons décourager, sur le marché de l'or.

Tous les budgets de dépenses que j'ai consultés de 1870 à ce jour s'accordent à prévoir les paiements, sauf les cas où il y a des affectations spéciales, en monnaie nationale, qu'il s'agisse de services rendus, de rémunération de salaires ou de fournitures quelconques. Pourquoi ne pas rester dans la vérité budgétaire ? Tout comme en sollicitant une commande on stipule son bénéfice et on fait entrer en ligne de compte les aléas qui peuvent survenir, de même, en déterminant la prime, on y ferait entrer un certain écart pour parer aux éventualités. Ne nous préoccupons pas trop du fournisseur; il ne sera jamais du mauvais côté. Et quel auxiliaire précieux ne sera-t-il pas à l'Etat pour empêcher les hausses exagérées ? Il a à recevoir en papier : comptez qu'il fera la propagande de la baisse. Il y est trop intéressé pour qu'il en soit autrement.

Je ne sais, Président, ce que mes collègues penseront de ce procédé. Mais puisque, selon décision du Conseil en date du 17 novembre de cette année, chaque département est responsable de la prime payée sur ses ordonnances en or, je ne vois pas d'objection sériesue à toute ordonnancer en gourdes. Bien au contraire, je vois l'État rentrant dans la vérité de son rôle et cherchant par tous les moyens en son pouvoir à relever le prestige et la valeur de son papier-monnaie.

Que Votre Excellence daigne recevoir la nouvelle assurance de mon dévouement.

F. MARCELIN.

SITUATION FINANCIÈRE DE LA RÉPUBLIQUE

Port-au-Prince, le 26 décembre 1892.
An 89e de l'Indépendance.

Le Secrétaire d'Etat au Département des Finances et du Commerce à Son Excellence le Président d'Haïti.

Président,

Il faut se répéter et se répéter malheureusement : la situation financière de la République devra et de longtemps faire l'objet de notre plus vive préoccupation.

Au moment où des dépenses nouvelles et urgentes s'imposent impérieusement pour le bien-être général et la marche en avant du pays, les recettes publiques diminuent sensiblement.

Parmi les causes multiples de cette diminution, on a parfois invoqué que la République se ressentait des crises commerciales qui sévissent souvent à l'étranger.

Ces crises, à mon avis, pas plus dans le passé que dans un avenir très lointain, ne sauraient nous atteindre : elles sont plutôt favorables au commerce haïtien. La concurrence sur les marchés européens s'établit naturellement par la fabrication des objets divers de l'industrie en quantité considérable. Ce sont les pays comme le nôtre qui, ne manufacturant pas, en profitent ou en bénéficient.

Il est bien évident qu'une évolution économique s'est accomplie dans la répartition générale de nos importations. La province s'est émancipée et Port-au-Prince n'est plus l'entrepôt général de la République. Toutes nos villes ouvertes au commerce étranger importent directement et tendent à élargir le rayon de leur influence commerciale. D'où la nécessité impérieuse de les surveiller plus étroitement et de les pourvoir de tout ce qui est indispensable à un rigoureux contrôle.

Port-au-Prince seul, sous ce rapport, est assez bien doté ; cet outillage ne nous servira peut-être pas aussi efficacement, les importations de la capitale, toute proportion gardée d'ailleurs, logiquement devant diminuer.

En attendant, le bataillon serré du personnel de la douane de Port-au-Prince, dont le chiffre dépasse

89 employés, est un obstacle à la bonne marche du service. Beaucoup ne se présentent que du 5 au 10 de chaque mois, pour émarger. Et, de l'avis de l'administrateur et du directeur, il est préférable qu'il en soit ainsi, ce trop plein d'employés paralysant l'expédition des affaires.

En thèse générale, je crois que l'on peut soutenir avantageusement que l'écoulement des articles importés en Haïti n'a nullement diminué : cet écoulement est même facilité par le paiement régulier des services publics.

Les principales denrées d'Haïti, le café, le campêche, le cacao sont en bonne posture sur les marchés étrangers, où leurs prix se maintiennent. Aussi sont-elles recherchées par l'exportation. En attendant que, par un contrôle efficace, il puisse être indiqué la quantité exacte de denrées produites en Haïti afin de déterminer celle réellement expédiée à l'étranger et la quantité livrée à la consommation, le rendement à l'exportation, variant peu sensiblement d'après la statistique des années budgétaires 88-89, 89-90 et 90-91, pourrait certainement augmenter. Il ne demeure pas moins constant que *l'habitant*, le cultivateur, retire de ses travaux, chaque année, une somme d'argent qu'il échange ensuite contre les produits importés. Cette somme d'argent ne saurait être précisée, mais elle doit dépasser, en réalité, le chiffre qui pourrait être établi, en ajoutant au prix des articles exportés (café et cacao) le montant approximatif de ceux consommés dans la République.

Il y a donc lieu de chercher ailleurs la plaie qui ronge les recettes de l'Etat. Et personne n'hésitera à dire que pour une large part elle réside dans l'inexécution de nos lois. Mais ici une question se pose : Pourquoi nos lois sont-elles inexécutées ? Faut-il toujours accuser le mauvais vouloir, la négligence, la mauvaise foi des fonctionnaires ? Hélas ! oui, il faut accuser tout cela, et Votre Excellence sait par expérience les luttes incessantes, journalières qu'il faut livrer pour obliger à l'accomplissement du devoir. Est-ce tout pourtant ? Et n'y a t-il pas une autre responsabilité en jeu ? Il est avéré que les seules ressources de l'Etat se trouvent dans l'exploitation de nos douanes. C'est de là, de cette exploitation que le peuple des fonctionnaires vit. C'est grâce au rendement des douanes que la machine gouvernementale fonctionne. Pas un centime n'est dépensé en Haïti qui n'ait été tiré de cette ceinture de bâtiments, lesquels sous la dénomination de douanes environnent notre île et la protègent contre la fraude. Or, s'il en est ainsi, quel est le devoir de l'Etat, mais son devoir le plus strict ? Rendre facile, efficace, le contrôle du douanier, mettre dans sa main tous les éléments matériels nécessaires à l'exécution des lois. Ce devoir, l'Etat l'a-t-il toujours compris? Il n'y a pas, il ne saurait y avoir de bonne perception de droits, tel qu'est conçu notre tarif fiscal, sans locaux appropriés à cet effet. Eh bien! d'un bout à l'autre de la République, les locaux sont insuffisants ou existent à peine. C'est pourquoi plus d'une fois, dans certaines douanes de la République, des marchandises sont remises sur le dépôt de droits approximatifs avant même la confection du manifeste. Le procédé prête à des fraudes et les intérêts de l'Etat ne peuvent être sauvegardés. D'autres fois, une cargaison de marchandises sèches est débarquée au moment où une averse s'annonce, la douane délivre les marchandises et se contente le plus souvent de la déclaration qui lui est présentée ensuite. Peut-on rendre consciencieusement l'établissement responsable de cette infraction à la loi? A-t-on un endroit assez spacieux pour abriter les colis débarqués? Si la douane agissait autrement, le commerce se plaindrait des détériorations survenues aux marchandises, et ce serait assurément son droit. Dans ce cas, la loi si habilement conçue de septembre 1891 sur la vérification et la remise des colis ne peut être exécutée dans toutes ses dispositions. Cette loi et toutes celles relatives aux douanes, appliquées convenablement, doivent pourtant produire les meilleurs résultats. Et on peut affirmer, sans exagération aucune, que les recettes générales d'une année moyenne peuvent atteindre aisément $ 8,000,000, si elles étaient intégralement perçues.

Pour arriver à ce résultat désirable, il faut assurément compter que les citoyens qui se trouvent à la tête de nos administrations et de nos douanes soient des hommes de devoir, et que ce titre seul a désignés à ces hautes fonctions. Votre Excellence a eu souvent la main heureuse, et les principes d'ordre et de régularité pratiqués par elle ont eu parfois des imitateurs. Mais, je me répète, pour obvier à ces irrégularités et enlever au vice toute excuse, il faut que des halles spacieuses soient construites dans les différents ports de la République pour le dépôt des colis. Ce point essentiel, sur lequel j'attire la haute attention de Votre Excellence, a pour effet d'assurer à l'État, par les mesures que je suis disposé à prendre, la stricte et prompte perception des droits de douane. Je ne saurais donc trop insister auprès de Votre Excellence pour qu'elle m'autorise à en entretenir mon collègue des travaux publics, afin que des halles pour le service des douanes puissent être érigées dans un délai de six mois, partout où le besoin s'en fait sentir. Je ne pense pas que le Conseil des secrétaires d'État puisse hésiter non plus à m'appuyer quand, devant les Chambres, je soutiendrai que rien n'est plus immédiat que la nécessité de ces constructions. Sans critiquer aucunement les libérales dispositions du Corps législatif envers les églises et presbytères, les encouragements à l'agriculture, les sommes dépensées pour des services dignes assurément de l'attention du législateur, je crois pouvoir demander qu'on assure tout d'abord l'exacte perception des droits de douane qui, seule, peut permettre la liquidation de ces dépenses, parfois retardées par rapport à l'insuffisance de nos ressources. Étant donné que, à la lettre, nous n'avons aucun autre revenu que le rendement de nos douanes, n'est-il pas obligatoire d'entourer ce service de toutes les garanties désirables ? Cette proposition est évidente par elle-même et n'a pas besoin d'être démontrée.

L'idéal auquel je vise, Président, serait d'arriver à couvrir les allocations budgétaires par les seules ressources du budget des voies et moyens, à liquider ou à rembourser les emprunts contractés à des conditions tout à fait onéreuses pour l'État, et, enfin, à établir une caisse d'épargne pour le surplus des recettes.

Le gouvernement ne saurait toujours avoir recours à la banque et au commerce pour des avances de fonds. En réalité, il peut par lui-même suffire à ses charges, telles qu'elles sont inscrites dans le budget.

Une paix solide et durable, je l'espère, est établie désormais grâce à la vigilance et à l'énergie de Votre Excellence. Vos ministres sont les gardiens et les comptables de cette paix vis à-vis du pays. Ils ne doivent pas laisser faiblir entre leurs mains les différents rouages de la machine gouvernementale qu'ils dirigent. Pour ma part, je comprends qu'il m'incombe de faire chaque jour de nouveaux efforts afin de présenter à Votre Excellence une situation financière pouvant lui permettre d'exécuter son programme de progrès et d'avancement social. La tâche est lourde, mais grande aussi, peut être, la volonté d'un citoyen qui n'est pas insensible à l'aiguillon de l'amour-propre, et que stimule l'exemple de persévérant patriotisme donné par Votre Excellence !

L'inspection générale des finances et des douanes est une excellente création, sous la condition *expresse*, pourtant, qu'on ne fausse pas l'idée-mère qui l'a inspirée. Cette idée consiste uniquement à voir dans les inspecteurs généraux les messagers du ministre des finances, toujours en inspection continue et soutenue. Ils s'inspirent des instructions et de l'esprit de l'administration centrale, et les portent dans les provinces. Ils tiennent en éveil les administrations négligentes ou coupables, et sont le plus sûr et le plus efficace moyen de contrôle qu'on puisse désirer. Pouvant tomber à l'improviste sur nos douanes, ils réalisent l'idéal de toute bonne administration : la contre-vérification spontanée des opérations en cours sans avis préalable. Il faut donc que les fonctionnaires appelés à ce service aient des qualités physiques et morales qui en assurent le plein développement et donnent à la création toute sa valeur pratique. Des résultats ont été déjà obtenus dans ce sens, et l'inspection générale des finances et des douanes peut citer quelques noms avec orgueil. Cela ne suffit pas, pourtant, et il faut voir dans un avenir prochain tous nos inspecteurs en voyage, stimulant par leur présence le zèle de tous et déconcertant la fraude. Alors, dans cet avenir prochain, ils ne pourront plus immobiliser toute une récolte dans le même arrondissement financier. Évoluant plus rapidement, ils pourront être alternativement transportés d'une localité à l'autre. Dans la période morte des affaires, leurs soins pourront être donnés plus spécialement à la comptabilité de nos administrations que, sur les lieux, ils vérifieront et rectifieront.

L'agent financier du gouvernement à Paris, sur l'ordre de mon département, a dû commencer le travail de la vérification des comptes de la Société de Crédit industriel et commercial, chargée du service de l'Emprunt de 1875. J'espère recevoir prochainement son rapport à ce sujet et je m'empresserai de le placer sous les yeux de Votre Excellence.

Dans sa dépêche au n° 997, Votre Excellence a appelé mon attention sur les embarras financiers que la cessation du versement des 150,000 gourdes du syndicat financier, en janvier prochain, ne manquerait pas de nous causer. Elle m'a fait l'honneur d'ajouter qu'elle approuvait entièrement les démarches que j'avais résolu de tenter en Europe pour essayer de trouver, à un taux moins élevé que sur place, les valeurs nécessaires au service public.

Le résultat de ces démarches, entreprises par l'intermédiaire de notre agent financier à Paris, a été porté à la connaissance du conseil des secrétaires d'État, qui, sur ma proposition, les a rejetées. En effet, elles étaient inacceptables. Nous ne devons pas, toutefois, nous dissimuler que nous aurons bien des efforts à faire, bien des obstacles à surmonter, avant d'arriver à un résultat satisfaisant, avant d'intéresser les capitalistes sérieux à notre sort. Le principal obstacle réside dans le cours de nos obligations de 300 francs qui, rapportant 5 0/0 nominalement, se traitent au prix de 180 francs. Il sera toujours bien difficile de faire comprendre au public et aux Chambres que, pour une rente de

5 francs, par exemple, l'État n'aura à recevoir que 60 francs de capital. Quand donc on entend chez nous des personnages qui se prétendent versés dans la science financière ou auxquels même nous accordons toute compétence en ces matières, nous parler de l'abondance des capitaux en Europe, des taux de 2 1/2 0/0 à 4 0/0 à l'usage des grands États en possession du crédit public, nous ne devons pas oublier que ces États s'appellent la France, l'Angleterre, la Russie et que, malheureusement, nous ne sommes encore qu'un pays merveilleusement riche, il est vrai, mais peu connu, ou fâcheusement connu, grâce au règlement de l'emprunt Domingue.

Pourtant, j'ai l'espoir, avec beaucoup de persévérance et beaucoup de patience, de réussir à améliorer le crédit de l'État. Des renseignements particuliers que je possède m'inspirent cette légitime confiance, mais ce ne peut être que l'œuvre du temps et, en attendant, il faut que l'État vive, que les services publics soient assurés, il faut que le fonctionnaire et le soldat soient payés.

Cette impérieuse nécessité m'a obligé de demander au Conseil l'autorisation de renouveler l'emprunt du 27 janvier. Cette autorisation obtenue, cela n'a pas marché tout seul avec les syndicataires. Vous savez, Président, qu'au 31 janvier 1893 le solde dû au syndicat sera d'environ 900,000 dollars.

Si quelques-uns désiraient renouveler, la majorité n'était pas de cet avis. Elle objectait que le renouvellement porterait la balance due au 31 janvier 1894 à plus de 1,800,000, ce qui reculerait le règlement définitif de la nouvelle affaire à près de quatre ans. Faire appel au public, solliciter de nouveaux souscripteurs, c'était bien périlleux. En effet, les nouveaux participants devraient d'abord rembourser aux sortants le montant de chaque part, soit 6,000 dollars en or. Dans ces conditions, personne ne se souciait de se présenter.

Votre intervention personnelle, Président, a changé la face des choses. Vous avez des arguments financiers irrésistibles : ils se trouvent dans la confiance inébranlable que vous inspirez au capital et au commerce. Quand on a su que vous désiriez le renouvellement, toutes les hésitations sont tombées et chacun a gardé sa position. Le ministre des finances vous remercie de lui être venu si efficacement en aide.

Mais quelle sera la situation, fin janvier 1894, quand le deuxième contrat sera expiré? A quelques gourdes près, nous devrons le chiffre total de 2,000,000 de piastres or américain, car il ne faut pas oublier l'intérêt de 1 1/2 0/0 à capitaliser chaque mois sur le solde débiteur du 27 janvier 1893. Tout renouvellement sera alors impossible et il faut songer dès ce moment ou à un mode de liquidation qui dégage les affectations ou à trouver autrement et ailleurs les 150,000 dollars nécessaires au service public. Il y a là un travail d'ensemble à tenter sur les recettes de l'Etat. Il faut les aménager de telle sorte qu'elles fassent face à tous les besoins publics, à tous les engagements pris, tout en nous laissant la libre disposition de quelques ressources. C'est une œuvre difficile, mais pas impossible. En tout cas, j'y consacre tous mes soins.

Vous apprendrez avec plaisir, Président, que l'emprunt du 6 mars 1890 a été définitivement soldé. Les 50 cts or qui y étaient affectés, ainsi dégagés, vont servir désormais à l'amortissement de notre nouveau papier-monnaie, mais à partir seulement du 1er janvier 1893, ainsi que le comporte la loi votée par les Chambres. Je ferai donc porter au compte de la réserve le produit de cette taxe pour le mois de décembre. Ce sera environ une somme de 50,000 à 55,000 dollars ajoutée à notre actif.

De même qu'avec l'autorisation du Conseil j'ai distrait du solde créditeur de l'emprunt du 30 septembre dernier les fonds nécessaires au paiement du coupon de la dette extérieure, de même je ferai pour la dette intérieure. Les 33 1/3 de la dette extérieure et les 50 cts de la dette intérieure resteront ainsi engagés jusqu'à leur complète libération vis-à-vis du « Solde créditeur de l'Emprunt du 30 septembre ». Il avait été avancé, comme complément, un chiffre de 106,315 dollars 66 en gourdes pour l'Extérieure ; il faudra pour l'Intérieure environ 109,000 gourdes. Ces deux sommes réunies formeront dans quelque temps un chiffre de 215,315 dollars 66 or américain à « la Réserve en or », sans compter les 50 cts affectés au papier-monnaie et qui, une fois encaissés pour le mois de décembre, iront grossir la même réserve.

Ce matin, 26 décembre, voici la situation des comptes du gouvernement avec la banque :

Comptes du Gouvernement d'Haïti
au 26 décembre 1892

	DOIT	AVOIR
Exercice périmé 1891-1892.	1.515 70	
Exercice périmé 1890-1891.		5.336 93
Réserve en billets (solde de l'emprunt du 30 septemb.)		293.684 44
Réserve en or.............		24.167 78
Service dette intérieure or..		34.505 91
Amortissement billets (troisième émission or).......		13.563 64
Billets détériorés..........		44.500 »
Espèces Boyer...........		41.000 »

Le solde créditeur de l'emprunt du 30 septembre s'élève donc à $ 293,684.44. Je prends occasion,

Président, pour vous demander l'autorisation de porter à l'exercice périmé 1891-1892 les $ 93,684.44. Cet exercice périmé doit à la Banque un chiffre de 1,515.70 qu'il importe de combler. D'un autre côté, je suis assailli de réclamations touchant le paiement des ordonnances arriérées. Je dois payer une ordonnance de $ 50,000 or américain pour les travaux hydrauliques des Gonaïves. Je ne puis plus retarder ce paiement; il importe donc que j'aie la somme demandée plus haut.

Je prends la liberté d'appeler aussi l'attention de Votre Excellence sur ce fait : J'ai reçu dans mes bureaux deux ordonnances, l'une de $ 5,000 pour une imprimerie à Jérémie, l'autre de $ 2,580, en or, dépenses extraordinaires. Nulle part on ne trouve dans le budget de 1891-1892 des valeurs votées pour ces objets, ni dans les différents crédits mensuels de cet exercice. Du reste, tous les crédits du département de l'intérieur sont depuis longtemps épuisés. Il est vrai que le Conseil s'est occupé du sort malheureux fait à un citoyen qui, ayant réellement fourni à l'État, ne peut même avoir légalement le titre de sa créance. Et il avait été décidé que, si le ministre des finances réalisait des économies sur la liquidation de l'exercice 1890-1891, ces économies pourraient être affectées à cette catégorie de créances. Dans ces conditions, j'avoue que cela ne semblait pas m'engager beaucoup. Mais la faute, à qui incombe-t-elle réellement? Au département, qui, n'ayant plus d'allocations budgétaires disponibles, a contracté. Quand j'ai demandé aux Chambres le crédit nécessaire pour couvrir le déficit de 1891-1892, je n'ai pas pu prévoir qu'il y aurait des valeurs à payer en dehors du budget. J'ai basé mes appréciations sur les documents officiels que je possédais, et mes calculs, si ce procédé pouvait être admis, se trouveraient radicalement faux. Heureusement que les lois et les règlements s'y opposent formellement.

Tel est le rapport que j'ai l'honneur de faire à Votre Excellence. Puisse-t-il mériter votre approbation! C'est la seule récompense qu'ambitionne votre très dévoué serviteur,

F. MARCELIN.

P.-S. — Le compte « Recettes et Paiements » s'élève, à cette date, à 404,414,56 gourdes au débit de l'État. Le paiement anticipé du mois de décembre a contribué à enfler ce chiffre, qui sera ramené en janvier à la proportion normale par le versement du syndicat, la perception régulière des recettes et le désintéressement des services déjà acquittés.

NÉCESSITÉ QUE LES DÉPENSES NE DÉPASSENT PAS LES RECETTES

Port-au-Prince, le 18 janvier 1893.

A Son Excellence le Président d'Haïti,

PRÉSIDENT,

La patriotique pensée que Votre Excellence a eue de mettre, dès ce moment, l'étude des budgets des différents départements ministériels à l'ordre du jour des délibérations du Conseil doit évidemment produire les plus heureux résultats sur le sort du futur budget de l'exercice 1893-1894.

Deux idées ont guidé Votre Excellence dans cette circonstance. La moindre, c'est que le vœu constitutionnel qui ordonne que le budget soit remis aux Chambres dans les huit jours de l'ouverture de leurs travaux devienne désormais une vérité. Mais la plus importante, celle qui a fait vraiment votre souci, celle que vous n'avez pas manqué de nous exprimer à maintes reprises, c'est l'idée fermement arrêtée que nos dépenses soient en harmonie avec nos recettes, et que le temps ne nous manque pas pour examiner les unes et les autres. Expurger donc rigoureusement de nos budgets toute superfétation, toute dépense inutile, telle est la loi qu'une inéluctable nécessité nous impose. Telle est la loi à laquelle, avec votre expérience et votre haute autorité morale, vous nous avez priés de nous soumettre.

Votre appel sera entendu, car notre intérêt immédiat nous ordonne de le suivre. Mais, pour arriver à un travail profitable et utile, il est nécessaire que l'article 11 du règlement pour le service de la Trésorerie soit observé.

« Art. 11. — Chaque année, les différents secrétaires d'État préparent le budget de leurs départements respectifs. Le secrétaire d'État des finances centralise ces budgets et y ajoute celui des recettes pour compléter le budget général de l'État. »

En effet, Président, la discussion utile des budgets ne peut commencer, en Conseil, que sur ce travail d'ensemble. Mes collègues m'ayant préalablement déclaré les crédits qui leur sont indispensables, j'y ajouterai celui des recettes pour constituer le budget général de l'État, comme le veut la loi. C'est sur ce budget général que le Conseil aura à statuer.

Je prie donc Votre Excellence de rappeler aux secrétaires d'État que je suis prêt à recevoir leurs budgets respectifs. Puisse chacun de nous, au moment d'apposer sa signature au bas de documents aussi importants, ne pas oublier que l'équilibre budgétaire fait les cabinets durables!

Je reste, de Votre Excellence, le très dévoué serviteur.

F. MARCELIN.

DOUANES

Port-au-Prince, le 30 janvier 1893,
An 90e de l'Indépendance.

Le secrétaire d'État au département des finances et du commerce à Son Excellence le Président d'Haïti,

PRÉSIDENT,

Lorsque j'eus l'honneur, au mois de novembre passé, de faire mon premier rapport sur la marche du département du commerce, je disais à Votre Excellence que, d'après moi, la situation commerciale de la République, jusque-là si mauvaise, s'améliorait sensiblement.

Je ne m'étais point trompé, et cette opinion a pu heureusement se vérifier pour les deux derniers mois de l'année écoulée, mis en regard de ceux de l'année 1891.

Nous avons eu, en effet, pour :

Novembre 1891.	Importations...	431.610 36
—	Exportations...	144.256 19

Décembre —	Importations..	402.663 09
—	Exportations..	361.490 43
Novembre 1892.	Importations..	435.958 74
—	Exportations..	176.169 56
Décembre —	Importations..	487.838 40
—	Exportations..	348.364 56

D'où :

Différence en faveur de novembre 1892 :

Importations........... 4.348 38

Exportations........... 31.913 37

Différence en faveur de décembre 1892 :

Importations........... 85.175 31

Différence en moins de décembre 1892 ;

Exportations........... 13.125 87

Le mois de janvier, aussi, sera d'un bon rendement, surtout au point de vue de l'exportation, car les inspecteurs en tournée m'ont écrit qu'il y a eu de fortes livraisons durant ce mois.

L'excédent des importations de l'année 1892 sur celles de l'année 1891, tel qu'il ressort du tableau ci-dessus, a sa signification : il est un indice certain que les anciens stocks se sont peu à peu écoulés, que l'équilibre entre la demande et l'offre tend à se rétablir: en un mot que la crise, dont la durée et les effets ont été au delà des prévisions les plus pessimistes, marche vers une complète liquidation. Cela devait arriver par la force même des choses. Mais les efforts constants que fait le gouvernement pour ramener l'ordre et la régularité dans les rouages administratifs ont contribué, dans une mesure fort appréciable, à ce résultat.

Nous avons donc toute raison de persévérer dans cette voie, et, dans cet ordre d'idées, nous devons répéter à la fin de chaque année l'expérience que nous venons de faire par l'envoi des inspecteurs dans les diverses douanes de la République.

C'est une expérience assez concluante, et au nombre des améliorations obtenues par ces fonctionnaires, il faut surtout mentionner celle d'empêcher que les marchandises soient enlevées avant que les droits en aient été payés.

Si, depuis longtemps, on avait pu obtenir ce résultat, cela nous épargnerait toutes les difficultés que nous avons pour recouvrer les droits dus à l'État sur plusieurs exercices, et en nous permettant d'avoir à temps la disponibilité de nos recettes, l'inconvénient de recourir à des emprunts ou d'autres transactions parfois fort onéreuses. Une bonne organisation, un contrôle sérieux et constant, voilà donc ce qu'il faut pour assurer le bon rendement de nos douanes.

C'est pour répondre à cette double nécessité que, dès l'achèvement du hangar en fer de Port-au-

Prince, j'ai ordonné d'y faire toutes les vérifications de comestibles.

Naguère, ces vérifications se faisaient sans ordre ni méthode, et la confusion était nécessairement plus grande à l'époque des grandes importations; il était impossible, par conséquent, de s'assurer de la correction des opérations, et plus d'une fraude est due à cet état de choses. Il est certain qu'avec ce nouveau bâtiment, qui est aménagé de façon à offrir toutes les commodités au commerce et aux douaniers, les choses iront mieux, et, pour ne perdre aucun des avantages qu'on peut tirer de ce local, j'ai dicté au Directeur de la douane tout un plan d'organisation dont je n'ai pas manqué de surveiller l'exécution.

Ce que nous avons fait à Port-au-Prince, il serait à souhaiter qu'on pût le réaliser pour les autres douanes de la République; — j'ai déjà eu l'honneur d'examiner ce point dans le dernier rapport que j'ai fait à Votre Excellence sur notre situation financière.

Votre Excellence me permettra donc de ne pas insister sur cette question de manque de locaux et de ne m'y arrêter que pour lui dire qu'elle est une cause de fraudes, qu'elle met sans cesse en jeu la responsabilité que nous avons des marchandises dont nous avons la garde comme garantie de nos droits de douanes, qu'elle oblige à transgresser la loi et qu'elle établit une complication regrettable dans notre comptabilité, par la nécessité qu'elle crée de délivrer les marchandises par bordereaux approximatifs.

C'est une question dont la solution s'impose à tous les points de vue.

A côté d'elle s'en place une autre, qui ne mérite pas moins d'arrêter notre attention par l'influence qu'elle exerce sur le rendement de nos douanes et la perturbation qu'elle cause dans le commerce honnête : je veux parler de la contrebande, qui semble vouloir prendre des proportions inquiétantes. En effet, je reçois presque tous les quinze jours des nouvelles que des marchandises ont été saisies au moment où l'on cherchait à les faire passer en contrebande. C'est un fait connu que les tentatives de contrebande deviennent plus fréquentes, à mesure que le fisc se montre plus rigoureux, et les articles le plus fortement imposés sont ceux dont s'alimente ce commerce interlope. Telle est l'explication qu'on pourrait donner pour la contrebande de la kérosine, par exemple. Mais l'industrie des fraudeurs ne se borne pas seulement à cet article. Aussi faut-il chercher la cause de ces fraudes dans la négligence ou la complicité de la plupart de ceux qui sont préposés à leur répression. En effet, chaque fois qu'on me dénonce une contrebande aux Gonaïves et au Petit-Goâve, pour ne citer que ces deux points, ce sont, en général, les canotiers du port qui en sont les principaux auteurs.

Ce fait m'a paru tellement curieux et grave que je n'ai pas manqué d'appeler l'attention de mon collègue de la marine là-dessus.

Mais les principaux foyers de la contrebande sont le Port-de-Paix, Saint-Louis, le Borgne, tout le littoral du Nord-Ouest, enfin la frontière du Nord.

Votre Excellence a été informée en son temps de l'audacieuse contrebande de café faite par MM. X..., de Port-de-Paix, et c'est pour moi l'occasion de lui dire que je n'avais pas manqué de notifier ce fait à telle fin que de droit à mon collègue des relations extérieures, le sieur X... étant consul ou agent consulaire.

Cependant la découverte et la répression de cette fraude n'ont pas empêché qu'on dise qu'elle a tendance à se perpétuer et l'on base cette opinion sur ce qu'à Port-de-Paix le pesage des cafés et autres denrées se fait en pleine rue, la douane n'existant pas. Mais, sans écarter tout à fait cette cause, je pense que c'est la situation géographique de Port-de-Paix et aussi de toutes ces villes du Nord-Ouest qui y rend la contrebande facile. En effet, le littoral a une étendue telle qu'on peut, hors de la vue de l'autorité, charger sur de petites embarcations et sur n'importe quel point des denrées qui sont transbordées dans le canal.

Dans une telle occurrence, il n'y a qu'à faire restaurer l'ancien garde-côtes et le faire monter par des marins habiles qui, par une ronde incessante, rendront impossible ce commerce interlope.

Il semble que sur les frontières la fraude est encore plus accentuée.

D'un rapport fait par le consul dominicain aux Etats-Unis d'Amérique et publié dans la *Gazette officielle* du 5 novembre 1892, il ressort que la Dominicanie a exporté $ 1,931,079 de cafés pendant l'année 1891. Ces cafés sont incontestablement de notre provenance et le Trésor a été frustré de tous les droits qu'ils eussent rapportés s'ils étaient expédiés de nos ports pour New-York.

Ce n'est pas un prix plus rémunérateur qui sollicite nos *habitants* à traverser les frontières pour aller vendre leurs denrées, mais les marchandises qu'ils reçoivent en échange ou qu'ils achètent leur reviennent à meilleur marché que chez nous, de sorte qu'ils sont dédommagés de la perte qu'ils subissent sur ces denrées. Et ces transactions influent de deux manières sur nos recettes : elles diminuent nos droits d'exportation, ainsi que je l'ai établi ; elles produisent le même effet sur nos droits d'importation, en ce que les articles achetés à Saint-Domingue et jetés dans la consommation obligent le commerce régulier à diminuer ses importations dans une égale proportion.

Il y a donc toute urgence de réprimer ces désordres, et le moyen le plus expéditif d'y parvenir serait d'échelonner sur toute la frontière des soldats qui empêchassent de traverser avec les denrées ou d'entrer avec les marchandises étrangères venues de la Dominicanie. Mais, il faut bien le reconnaître, cette mesure ne deviendrait tout à fait efficace que si notre consulat à Monte-Christi consentait à faire son devoir et tout son devoir. C'est en effet à Monte-Christi que nos denrées aboutissent et que sont déposées les marchandises que nos nationaux reçoivent en échange de ces denrées. Notre consulat, paraît-il, regarde faire ces choses avec une si grande placidité qu'on n'a pas craint d'essayer un autre genre de fraude. On achète du sel marin aux îles Turques et on le dépose à Monte-Christi, où les caboteurs haïtiens viennent le prendre et l'introduire chez nous comme produit du sol dominicain, c'est-à-dire en franchise.

La responsabilité de ce fait délictueux qui pèse d'un lourd poids sur nos nationaux producteurs de sel incombe exclusivement à notre consulat. Il pourrait facilement arrêter ces fraudes, puisqu'il a pou instructions de ne délivrer des certificats d'origine pour les produits dominicains qu'après s'être assuré *de visu* qu'il y a une fabrique ou manufacture du produit dans le lieu même d'où on le prétend venir. Je n'ai tant insisté sur cette question de contrebande, sous ses différentes manifestations, que pour rendre plus saisissants les moyens d'action, mieux montrer son influence malsaine sur le commerce honnête, par voie de conséquence, sur le fisc, faire sentir — en indiquant quelques-uns des moyens à employer -- l'urgence qu'il y a à la combattre à outrance. Car, si nous arrivons à en avoir raison, la situation commerciale s'améliorant sans cesse, nous pourrons, à force d'ordre, de régularité et d'économie, réparer la brèche faite à nos finances par trois années de crise.

En recommandant ce rapport à la haute attention de Votre Excellence, j'ai l'honneur, etc.

F. MARCELIN.

CONTREBANDES

Port-au-Prince, le 21 février 1893, An 90e de l'Indépendance.

Le Secrétaire d'État au Département des Finances et du Commerce à Son Excellence le Président d'Haïti.

Président,

Les intérêts en jeu sont trop importants pour que je ne revienne pas, dès aujourd'hui, sur la question de contrebande dont j'ai eu l'honneur d'entretenir Votre Excellence dans mon rapport au n° 93.

Naguère localisée dans les douanes, où il était facile de l'atteindre, la contrebande se fait maintenant dans les zones qui en rendent la pratique plus aisée, en même temps qu'elle oblige l'autorité à recourir à des moyens de répression plus compliqués.

Personne, mieux que Votre Excellence, ne peut m'aider à trouver ces moyens qui s'imposent, car la caisse publique est trop obérée pour que nous ne tâchions pas d'y faire rentrer le plus possible de ses revenus. Sans compter que cette pratique, si elle reste plus longtemps impunie, affectera profondément la moralité commerciale.

Il y a de cela quelques jours, j'ai eu un long entretien avec notre consul aux îles Turques. Il m'a confirmé tout ce j'ai dit à Votre Excellence à propos de la contrebande qui se fait dans le canal. Il m'a dit que ses observations personnelles, autant que les confidences que lui ont faites les commissaires des steamers, lui permettent d'affirmer qu'il se fait là un brigandage inouï. Les steamers y stationnent pendant des heures pour y remettre des marchandises aux caboteurs et en prendre des denrées. Il m'a entretenu d'une façon toute particulière du sel marin qui est transporté des îles Turques à Monte-Christi, d'où il est expédié pour nos ports où il ne paye pas de droits.

Un fait très caractéristique est le suivant : lorsque je suis arrivé au ministère, M. X... m'a adressé une lettre où il se plaignait vivement de la triste situation faite aux commerçants en sel par le produit similaire des îles Turques. Il a insisté surtout sur ce point que, la Dominicanie n'ayant pas même assez de sel pour sa consommation intérieure, elle ne pouvait pas *a fortiori* en avoir pour l'exportation.

C'est un argument irrésistible, confirmé d'ailleurs par tous ceux qui connaissent l'endroit. Or, il est arrivé que, depuis, le même M. X... a passé un contrat avec les deux seuls propriétaires de salines en Dominicanie et que la production de sel s'est tellement accrue qu'il n'a jamais moins de deux mille barils en dépôt au Cap Haïtien. C'est donc par la voie déguisée des îles Turques que ce sel lui parvient.

Plus je réfléchis sur cette question de contrebande qui se fait sur le littoral et dans le canal, plus je me convaincs qu'il n'y a qu'un garde-côtes qui puisse y remédier.

Les matelots qui le monteraient devraient employer les moyens les plus coercitifs, et il est presque certain qu'après quelques bons exemples les coutumiers de la contrebande, intimidés, renonceraient à une entreprise au bout de laquelle il y a tant et de si grands périls. C'est dans tous les pays du monde un des attributs de la marine de protéger dans sa sphère les intérêts commerciaux de la nation.

Quant à la contrebande de sel, il faut recourir à un moyen économique pour la faire cesser. Ce moyen, c'est de baisser les droits sur cet article de première nécessité, de telle sorte que le double transit des îles Turques à Monte-Christi et de ce dernier port à Haïti devenant plus onéreux que le transport direct des îles Turques à Haïti, le sel soit obligé de prendre cette dernière voie. Ce ne sera pas moins de $ 10,000 qui rentreront dans la caisse publique, en même temps que nos nationaux pourront soutenir la concurrence.

Pour complèter cette mesure, on pourrait nommer un agent consulaire à Cokbun-Harbor, car c'est en cet endroit, situé à quelque distance des îles Turques, qu'on prend le sel et c'est ainsi qu'on s'explique que le contrôle de notre consul ne soit pas plus efficace.

Je n'ai tant insisté sur ces points que parce que je désire sérieusement voir l'ordre s'implanter dans l'administration, seule condition d'ailleurs de prospérité pour notre pays. Aussi Votre Excellence me permettra de retenir encore son attention quelques minutes sur la douane des Cayes.

L'écho du dissentiment qui a existé entre l'Inspecteur et l'Administrateur des finances est parvenu jusqu'à Votre Excellence. Mais quoique ce fait soit de nature à jeter la perturbation dans le service, il n'est pas l'événement le plus considérable qui se soit déroulé dans cette administration. Ce qu'il y a de vraiment grave, ce sont les plaintes formulées contre la douane. Elles se répètent journellement.

Vrais ou faux, tous ces bruits ont eu pour effet

d'amener un grand relâchement dans le service de cet important établissement etcela suffirait à défaut d'autres raisons pour déterminer l'autorité supérieure à aviser.

Lorsque, dans une administration, un soupçon universel plane sur les principaux chefs, la confiance disparaît et c'est le service public qui pâtit d'un tel état de choses. Or, c'est notre devoir d'imprimer à ce service une impulsion active, claire et honnête, et c'est pourquoi j'ai tenu à ne pas laisser s'écouler plus de temps, avant de mettre Votre Excellence au fait de l'état de cette douane.

Daignez agréer, Président, l'hommage de mon profond respect.

F. MARCELIN.

BUDGETS DE LA RÉPUBLIQUE ET OBSERVATIONS SUR LE PROJET DE BUDGET 1893-1894

Port-au-Prince, le 25 mars 1893.

A Son Excellence le Président d'Haïti.

PRÉSIDENT,

Les projets de budget que les différents départements ministériels m'ont fait parvenir, conformément au règlement, m'ont suggéré quelques réflexions qu'il est de mon devoir de consigner dans ce rapport préliminaire.

La marche ascendante de nos dépenses ne peut laisser indifférent aucun esprit soucieux de l'avenir du pays. Nos recettes restant à peu près stationnaires, chaque année il y a un déficit budgétaire qu'il faut combler. C'est ainsi qu'au mois de septembre 1892 les Chambres législatives ont été obligées de voter un emprunt de $ 1,540,182.94 garanti par des droits d'exportation d'un rendement annuel de près de $ 900,000. Ces droits allaient être libérés en janvier de cette année, mais l'engrenage malheureux dans lequel l'État est pris l'a obligé de s'en dessaisir pour un long temps encore. Toutes les opérations pratiquées sur nos revenus annuels ont la même cause et le même résultat. Contractées pour faire face à des dépenses trop fortes, elles ne nous dégagent que momentanément pour resserrer l'instant d'après le fatal lacet.

Ce qui s'est passé en septembre 1892 va se reproduire en septembre 1893 : nous allons être en face d'un nouveau déficit budgétaire. Dans mon rapport au Corps législatif, j'avais estimé ce déficit à $ 2,000,000 environ. Pourrons-nous songer à le combler comme en 1892? Le doute est permis, car aucune de nos affectations n'est libre. Elles sont encore engagées pour de nombreuses années. Telles d'entre elles — celles, par exemple, relatives au renouvellement du syndicat financier de janvier 1892 -- ne nous retourneront qu'en 1898.

Dans ces conditions, n'est-il pas absolument ndispensable de revenir à la règle ordinaire, qui est aussi bien la base des administrations publiques que celle des administrations privées? Ne faut-il pas borner nos dépenses à nos revenus? Si la liquidation de chaque budget doit laisser un déficit de $ 1,500,000 à $ 2,000,000, il faut dire adieu à tous nos rêves de restauration des finances publiques. Il faut laisser la vague nous emporter et nous résigner au sort de l'épave qui ne peut pas savoir où elle échouera.

Le Conseil des secrétaires d'État m'a fait l'honneur, il y a quelques jours, d'approuver la combinaison que je lui ai soumise et qui a pour but de dégager une très grande partie de nos affectations. Mais cette combinaison, en résumé, quelle est-elle et que peut-elle? Au 30 janvier 1894, les $ 150,000 fournies par le syndicat qui, ajoutées aux 350,000 de l'importation, garantissent le service de la solde, de la ration et des appointements, vont nous faire radicalement défaut, car il n'est guère possible de songer à un autre renouvellement. Comme il n'y a plus de valeur à affecter, le Gouvernement forcément ne pourrait plus faire complètement ce service. C'est à cette grave hypothèse que la combinaison a paré. Elle met en nos mains, en dégageant plus de 2 millions de piastres, les moyens nécessaires pour continuer ce service privilégié et qui est une des garanties de la sécurité publique. Elle met aussi à notre disposition une somme de 5 millions de francs, mais pour une seule fois, et il y aura lieu de savoir à quel usage employer ces 5 millions de francs, ou à des travaux publics ou à la liquidation d'une portion de l'exercice 1892-1893. Toutefois, elle n'a pas la vertu — et aucune combinaison financière ne saurait avoir cette vertu-là — de rendre nos recettes élastiques et de nous permettre avec nos 7 1/2 à 8 millions de revenus de continuer indéfiniment à en dépenser 9 ou 10, sous peine d'avoir, chaque année, un nouveau déficit budgétaire.

Ayant souffert du mal, nous devons courageusement nous appliquer à l'extirper. Ce mal est tout entier dans l'énormité de notre budget de dépenses. Certes, nous ne visons pas à dégager une portion de nos droits d'exportation avec l'arrière-pensée de les rengager immédiatement après pour satisfaire à nos dépenses. Notre but est plus élevé : l'expérience nous ayant enseigné ce que coûtent les emprunts ruineux, tels qu'ils se pratiquent sur place, nous ne voulons plus y retomber. Et, si nous dégageons nos affectations, c'est que nous sommes résolus, il me semble, à vivre de nos revenus encaissés à leur heure et non plus à les escompter par anticipation en abandonnant une bonne portion aux escompteurs.

Mais on ne croit pas généralement à notre sagesse. Témoin la Banque, qui, dans le fameux plan patronné par elle et par le haut commerce et comptant déjà sur son acceptation forcée, osait écrire ceci : « Le Gouvernement se faciliterait aussi à lui-même les moyens de trouver de nouveau, sur place, le cas échéant, de l'argent dans le cas où il en aurait besoin. »

Ainsi, nous aurions liquidé pour recommercer encore, jusqu'à une nouvelle liquidation, les mêmes emprunts désastreux que chacun sait. C'est pourtant le sort inévitable qui nous attend si nous continuons avec les gros budgets.

Je viens de parler, Président, de la marche ascendante de nos dépenses publiques : un simple coup d'œil jeté sur quelques-uns de nos budgets depuis 1877 suffira pour nous édifier à cet égard.

En faisant abstraction de la Dette publique, on trouve pour les services de l'Etat les chiffres suivants :

Exercice	1877-78	$ 2.772.013 61
»	1878-79	2.971.909 73
»	1884-85	4.319.097 26
»	1885-86	4.024.466 08
»	1887-88	4.134.499 78
»	1890-91	5.230.933 65
»	1891-92	5.829.147 29
»	1893-94 (prévisions)..	7.247.616 81

En quatorze années, nos budgets ont donc plus que doublé. Le service de la Dette publique a suivi la même ascension. De 1,524,054 35 dollars que l'annuité exigeait en 1878 (les 500,000 piastres de la caisse des arrondissements y comprises), elle est montée pour l'exercice 1891-92 à 2,000,000 et atteint cette année le chiffre de 3,700,000.

En toute conscience, pouvons-nous dire que l'Etat reçoit en 1893 une somme de services équivalant à la proportion mathématique qui existe entre le budget de dépenses de 1877 et celui que j'ai eu l'honneur de recevoir de mes honorables collègues?

Je ne crois pas me tromper, Président, en répondant négativement.

En 1878, notre ministre — résident à Paris — pour prendre un exemple au hasard — n'avait que 5,000 dollars et avec lui pour toute l'Europe nous n'avions qu'un chargé d'affaires à Londres.

Aujourd'hui une seule de nos nombreuses légations, en y comprenant ce qui est perçu à titre d'indemnités au chapitre des frais extraordinaires, reçoit près de 4,000 dollars par trimestre. Notre représentation extérieure, plus nombreuse, mieux rétribuée, nous rend-elle de plus grands services? En tout cas, et c'est ce qui m'intéresse plus spécialement en ma qualité de ministre des finances, cette représentation coûteuse est-elle en harmonie avec nos ressources restreintes?

Je n'ai pas l'intention pour le moment d'entrer dans l'examen détaillé du budget pour 1893-94. Je compte en faire l'objet d'un rapport spécial à Votre

Excellence. Mais je suis obligé encore de vous présenter, Président, quelques réflexions qui auraient pu servir efficacement à l'évaluation des dépenses du prochain exercice.

Ainsi, pour le département de la guerre et de la marine, il semblerait que bien des dépenses, telles que *canons* Bange, *canonnières*, *achat de munitions*, etc., déjà exécutées, auraient dû permettre cette année une très notable diminution dans ce budget. Et pourtant il est considérablement augmenté !

Je ne veux pas me permettre de critiquer la participation d'Haïti à l'Exposition de Chicago.

Pourtant, quand je vois les frais de toute sorte et sans utilité appréciable, les sommes énormes que cette participation coûte au pays, sommes qu'on a souvent tant de mal à trouver, je ne puis m'empêcher de penser qu'elles auraient été mieux employées dans une œuvre reproductive quelconque. Mais enfin il était permis de croire que, le poids de l'Exposition ne devant plus peser sur le nouveau budget de l'agriculture, il dût être déchargé d'autant. Il est augmenté !

De 527,240 52 gourdes, chiffre de l'exercice en cours, le département des travaux publics bondit à $ 938,600 40. Et cependant, Président, ne savons-nous pas tous que les travaux exécutés pour compte de l'Etat sont regardés à peu de chose près par les concessionnaires comme des faveurs spéciales ? Aussi ces travaux se distinguent-ils généralement par deux caractères : ils reviennent le double ou le triple du prix normal et sont faits dans des conditions absolument défectueuses. C'est pour obvier à cela que j'avais entretenu le Conseil de la proposition Jacquemin. Avec une garantie spéciale que je pratiquais dans le budget, on pouvait espérer dans quelques années arriver à un ensemble de travaux de réelle utilité, coûtant relativement peu et menés dans d'excellentes conditions de durée et de solidité. Il n'y a qu'une compagnie qui puisse réaliser convenablement les idées souvent exprimées par Votre Excellence en matière de travaux publics.

Vous avez dit une fois en Conseil, Président, que l'homme qui, ayant un carreau de terre à arroser et ne disposant que d'un verre d'eau, voudrait en faire bénéficier tout son champ, serait absolument fou et n'obtiendrait aucun résultat. C'est littéralement notre cas avec les travaux partiels et défectueux que nous exécutons. Tout tombe en ruines dans la République et plus nous persisterons dans cette voie, plus la parabole du verre d'eau de Votre Excellence se vérifiera.

Par cette seule considération technique, en dehors

de toute autre, qu'elle est constituée pour un objet spécial, qu'elle aura sans doute un plan d'ensemble et que les frais de matériel et de premier établissement s'étendant sur une plus large surface pèseront moins sur chaque entreprise, une société de travaux publics exécutera toujours dans de meilleures conditions et à meilleur marché qu'un particulier. Quand — sans perdre aucunement de son importance, bien au contraire, et dégagé de tous ces suppléments de devis et de devis de recherches dont il est la proie — le département des travaux publics sera entré dans cette voie, il pourra espérer, Président, réaliser votre pensée : doter notre pays de monuments durables qui attestent que des générations d'hommes, ayant conscience de l'avenir et désireux de laisser quelques traces après eux, ont passé sur notre sol.

Enfin, tous les autres départements étant à l'avenant, le budget pour l'exercice 1893-94, en y comprenant l'annuité de la Dette publique, s'élèvera au chiffre véritablement extraordinaire de :

$ 11,322,234 81.

Ce chiffre — c'est le cas ou jamais de le dire — se passe de tous commentaires. J'estime qu'aucun ministère n'aurait assez d'autorité pour présenter un semblable budget. Et si un ministère pouvait penser le faire avec quelque succès, il faudrait désespérer des Chambres et de l'opinion publique. En tout cas, j'affirme que le dépôt seul d'un tel budget suffirait pour faire avorter radicalement toute chance d'un meilleur aménagement, à l'étranger, de nos finances.

Mais je m'arrête, Président, ce rapport étant déjà bien étendu.

Ce qui distingue votre gouvernement des gouvernements qui l'ont précédé, c'est la scrupuleuse exactitude avec laquelle le soldat et le fonctionnaire sont payés. C'est là le secret de votre force et il faut espérer pour notre pays que jusqu'à la fin de votre mandat légal vous saurez conserver cette force. Ne trahirais-je pas votre confiance, Président, si je ne protestais énergiquement contre un budget dont le résultat clair, indéniable, est de mettre en péril la solde et la ration du soldat, le salaire du fonctionnaire?

Que Votre Excellence daigne accepter l'hommage de mon absolu dévouement.

F. MARCELIN.

PROJET DE BUDGET POUR L'EXERCICE 1893-1894

Port-au-Prince, le 1er avril 1893.

Le Secrétaire d'Etat au département des finances et du commerce à Son Excellence le Président d'Haïti.

Président,

J'ai l'honneur de vous adresser mon deuxième rapport sur les projets de budget des départements ministériels pour l'exercice 1893-1894. Il comprend les réductions que je trouve nécessaire de pratiquer dans les crédits demandés par mes collègues, afin d'arriver à l'équilibre budgétaire.

Relations extérieures

Chapitre Ier, section 3. — Matériel et frais de la Secrétairerie d'Etat, fournitures de bureau, etc., chiffre demandé 6,500 dollars. Il est certain qu'il n'y a pas de matériel à fournir à aucun département ministériel puisque le gouvernement vient de payer le matériel des six ministères, une somme fort élevée. Il n'est donc question que des fournitures de bureau et des frais de télégramme qui ne sauraient dépasser la somme de $ 1,500 portée au budget 1890-91. Si on consulte, au surplus, le rapport officiel de la Chambre des Comptes aux Chambres législatives sur les dépenses de 1890-1891 (tableau n° 6), on constate qu'il n'a été dépensé de ce chef que la somme de 1,143,75, d'où une valeur non employée de 356.25.

Les besoins du département des Relations Extérieures restant les mêmes pour ce qui a trait aux fournitures de bureau, le chiffre de 1,500 du budget de 1890-91, peut être maintenu $ 1,500.

Différence à déduire.............. 5.000 »

Chapitre II, section 2.— Frais d'installation, de déplacement, etc., police extérieure, $ 25,000.

On sait que la plus grande partie des frais de police est faite par le département de l'Intérieur. Les nécessités de la révolution de 1888, qui avaient exigé un crédit supplémentaire de 57,000 à ajouter aux 5,000 de dépenses

A reporter.....$ 5.000 »

Report.......$	5.000 »

secrètes prévues au budget de 1890-91 n'existent plus aujourd'hui. Si pour les frais extraordinaires du département et les dépenses secrètes on consigne au budget de 1893-94 la somme de $ 15,000, on arrivera, avec économie, à obtenir pleine satisfaction de ce chef, 15,000 gourdes pour l'année donnant un chiffre mensuel de 1,250 gourdes. La somme allouée aux employés, copistes et rédacteurs figure déjà pour 12,000 gourdes au chapitre II, section 1. Il faut remarquer aussi que le chiffre annuel des appointements pour le personnel des Relations extérieures ne s'élève qu'à 6,780, tandis que celui porté, comme indemnités, supplément d'appointements, représente presque le double des appointements fixes.

En allouant 15,000 au lieu de 25,000 pour ce service, on obtient une économie de..............................	10.000 »
Total des réductions à opérer au département des Relations extérieures..$	15.000 »

Finances et Commerce

Ce budget a été réduit, autant qu'il a pu l'être, par le titulaire, mais, nonobstant, je suis prêt à accepter toutes les réductions que le Conseil jugera sage d'y apporter. Pour l'instant, je ne vois à noter que :

Deux pensionnaires morts (à 20 gourdes = 40 gourdes par mois), soit pour l'année...... $ 480 »

Guerre

Au chapitre Ier, section 2, solde, il est porté la somme de........................ $ 318.741 »

Le budget de 1890-1891 alloue à ce chapitre la somme de... $ 252.963 29

En ajoutant à ce chiffre le crédit supplémentaire voté plus tard, soit...... 33.767 53

on arrivé au chiffre de.................. .... 286.730 82

Il y a lieu de distraire entièrement du budget présenté la somme portée pour solde extraordinaire, car il me semble que les régiments qui sont déplacés de leurs cantonnements

A reporter...... $ 318.741 »

Report.......$	318.741	»
pour aller tenir garnison ailleurs ne doivent pas percevoir cette solde supplémentaire que l'on ne peut trouver dans aucun budget précédant celui de 1893-1894. Cette façon de faire qui n'est nullement légale (car aucun texte de loi n'autorise pareille dépense) a été déjà pratiquée, il paraît, en 1890-1891; c'est ce qui a porté la valeur dépensée à 290,000 environ; mais, vu que le soldat en garnison perçoit régulièrement $ 1 de ration extraordinaire, il y a donc lieu, à mon point de vue, de ne pas tenir compte de la somme portée pour solde supplémentaire et de s'arrêter au chiffre de................	268.131	»
Différence à déduire.......	50.610	»
Observation :		
Je crois qu'il serait sage de demander à réduire les régiments de ligne de cinquante hommes et ceux de la garde de cent. Les régiments seraient donc chacun de deux cents hommes. En présentant une loi dans ce sens, cela		
A reporter.......$	50.610	»

Report.......$ 50.610 »

porterait une notable diminution au budget de la Guerre. On profiterait de l'occasion pour réduire aussi les corps d'artillerie et de gendarmerie, la gendarmerie surtout, qui ne rend aucun service aux localités (bourgs et bourgades) où elle est établie.

Chapitre Ier, section 3. — Ration ordinaire .... 272.129 »

En 1890-1891, le chiffre alloué à ce chapitre s'élevait à....... 214.240 »

Il n'a été dépensé en vertu du rapport de la Chambre des Comptes que. 187.615 44

D'où une différence en moins 26.624 56

Si nous prenons pour base le chiffre voté, soit (1890-1891).............. 214.240 »

A reporter.......$ 50.610 »

Report.......$ 50.610 »

il est donc indéniable qu'il peut facilement être diminué du budget présenté le chiffre rond de... 57.000 »

Je note en passant qu'il n'a été ordonnancé de ce chef pendant l'année 1891-1892 que..........$ 213.128 48

Aucuns détails n'étant donnés à l'égard du chiffre ration extraordinaire, soit...................$ 173.332 90 je me contente de rappeler vos paroles, Président, quand il s'agissait de régler les crédits supplémentaires de 1892-1892. Vous disiez : « Que la ration extraordinaire ne devait être payée qu'aux régiments envoyés en dehors de leurs cantonnements respectifs et que les troupes gardant la frontière et qui se trouvent dans leurs cantonnements, telles que celles de Vallière, de Ouanaminthe, etc., n'avaient pas droit à la ration extraordinaire. »

Il y a donc lieu de maintenir le

A reporter.......$ 107.610 »

Report.......$ 107.610 »

chiffre du budget de 1891-1892 si on considère que l'on doit déduire de la ration extraordinaire à payer aux régiments en garnison la somme que l'on aurait à dépenser pour ration ordinaire quand ces régiments restent dans leurs cantonnements.

Chiffre demandé pour 1893-1894.................... 173.332 90

Chiffre de 1891-1892... 120.000 »

53.332 90

Soit, en chiffre rond.............. 53.000 »

Pension, vétérance, etc., $ 93,500.

Il est nécessaire qu'on fasse une enquête sérieuse sur les dépenses allouées à ce chapitre. Ce chapitre doit donner lieu à beaucoup d'abus.

Location, chiffre demandé.................. 37.330 »

Il n'a été ordonnancé de ce chef, pendant l'exercice 1891-1892, que........... 32.033 »

Ce chiffre peut donc être diminué de......... 5.297 » 5.297 »

A reporter.......$ 165.907 »

Report.....................	$	165.907 »
Chapitre III, section 2. — Budget primitif, matériel de l'armée, fournitures de bureau......... 48.000 »		
Budget supplémentaire 3.299 66		
51.299 66		

Il est compris dans le crédit supplémentaire voté pour 1892-1893 de 75,000 les fonds nécessaires aux munitions, projectiles, fusées, outillage, accessoires, etc.; cependant, il est encore fait mention dans le libellé du chapitre III, section 2, du budget 1893-1894 d'achat de projectiles, munitions pour les canons « Bange ». Tous ces articles faisant partie du matériel des arsenaux qui est porté audit budget pour $ 18,000, pourquoi fait-on figurer au chapitre III, section 2, deux subdivisions pour achat de munitions, etc., dont les chiffres réunis donnent la somme de $ 36,000? On peut bien se contenter du chiffre de $ 12,000 porté aux budgets de 1890-1891 et 1891-1892.

A déduire de ce chapitre........	$	36.000 »
A reporter................	$	201.907 »

Report .... $ 201.907 »

Chapitre III, section 3. — Habillement et équipement..... 216.000 »

Plus, budget supplémentaire................ 12.460 »

228.460 »

Pendant l'exercice 1890-1891, il a été dépensé de ce chef (voir rapport de la Chambre des Comptes).... $ 162.000

Pendant l'exercice 1891-1892, il n'a été ordonnancé que pour 61,000 au compte de ce service. L'armée ayant été habillée tout dernièrement, je ne sais trop ce qui peut justifier ce chiffre extraordinaire de $ 216.000

Au budget de 1890-1891 (y compris le crédit supplémentaire à ce budget), il est alloué à l'habillement, etc., de l'armée....... .... 103.000 »

A celui de 1891-1892... 45.000 »

A celui de 1892-1893, y compris 7,793 pour gibernes, ceinturons, etc., 10,600, pour havre-sacs (voir crédit supplémen-

A reporter.... $ 148.000 » 201.907 »

Report.... ... $ 148.000 » 201.907 »

taire du mois d'octobre 1892), on a.............. 63.393 »

Total pour trois ans. 211.393 »

La situation critique de nos finances exige absolument qu'on ne dépasse pas la somme de $ 60,000

Chiffre demandé....... 228.460 »

Chiffre acceptable..... 60.000 »

Différence en moins... 168.460 » 168.460 »

Observation :

Il a été ordonnancé au compte de ce service pendant le cours de l'exercice 1891-1892 pour $ 61,000.

Chapitre III, section 4. — Frais extraordinaires.........$ 44.000 »

Usant de ménagement et disposant de ces fonds avec économie, la somme allouée en 1890-1891, qui est la même à $ 800 de différence en 1891-1893 peut être conservée, soit. 30.000 »

Différence.......... 14.000 » 14.000 »

A reporter................ $ 384.367 »

Report .... $		384.367 »
Chapitre IV, section 2. — Matériel des hôpitaux	20.000 »	
Par le crédit supplémentaire d'octobre 1892, il a été accordé pour achat d'instruments de chirurgie la somme de 6,000. On demande encore cette année $ 10,000. Si on consulte tous les budgets depuis plus de dix ans, on constatera qu'il y figure toujours une valeur pour achat d'instruments de chirurgie. Les comptes de l'exercice 1890-1891 laissent voir qu'il n'a été ordonnancé au compte de ce chapitre que 7,000 environ; ceux de 1891-1892 accusent 11,000 environ. Si pour 1893-1894 on alloue à ce service $ 10,000, ce sera largement donné (la moyenne pour les deux		
A reporter.... $	20.000 »	384.367 »

Report.........$		20.000 »	384.367 »
années susparlées n'étant que de $ 8,500).			
A déduire.......		10.000 »	10.000 »
Chapitre IV, section 3. — Ration des hôpitaux............	36.000		
Supplément...	602		
	36.602		
Les comptes de 1891-92 accusent, valeur ordonnancée, environ..	33.900		
Différence.....	2.702		2.702 »
Chapitre V, section 3. — Ration des arsenaux. Budget présenté............$		7.800 »	
En 1890-91, il a été alloué 6,500; il n'a été ordonnancé que pour 4,800 (voir rapport de la Chambre des Comptes).			
Il figure au budget de 1891-92 6,500, il a été ordonnancé 7.300.			
A reporter.....$		7.800 »	397.069 »

Report........ $	7.800 »	397.069 »
Il ressort de la comparaison de ces divers chiffres que la somme de 6,500 peut être acceptée........	6.500 »	
Différence.............		1.300 »
Chapitre unique. — Instruction de l'armée...... $	7.200 »	
En 1890-91, sur 7,200, il n'a été dépensé que 3,790.		
En 1891-92, sur pareille valeur, il n'a été ordonnancé que 4,210, on peut donc facilement porter le chiffre de ce service à....	4.500 »	
Différence.............		2.700 »
Total des réductions à opérer..................		401.069 »

Marine

Chapitre VI. section 2. — Matériel des ports, chiffre demandé................	12.000 »
Pour l'exercice 1891-92, il est porté au budget $ 8,000; il a été dépensé $ 1,200 environ. Pour 1890-1891,	
A reporter.... $	12.000 »

Report......... $		12.000 »
il a été dépensé la somme de 5,000 environ. Il ressort de ces renseignements que le chiffre de 1890-91 porté au budget peut être maintenu..................		4.000 »
Différence............		8.000 »
Chapitre VI, section 5. — Matériel de la marine, chiffre demandé.........	48.000 »	
Supplément..........	18.660 99	
	66.660 99	
Il a été dépensé de ce chef en 1890-91 15,000 ; en 1891-91, la même valeur. On peut accorder largement à ce chapitre, si l'on considère l'arrivée des deux canonnières........	40.000 »	
Différence............		26.661 »
Chapitre 6, section 6. — Ration de la marine.....	94.974 »	
Pendant l'exercice 1891-92, il a été dépensé pour la		
A reporter..... $	94.974 »	34.661 »

Report........ $	94.974 »	34.661 »
ration du personnel des trois navires 51,000 environ.		
En gardant toute proportion, il ne pourra être dépensé pour cinq navires (les deux canonnières comprises) plus de...........	84.000 »	
Différence.............		10.974 »
Chapitre unique.— Chiffre demandé..... 22.600		
Il a été dépensé en 1890-91 $ 8.000 environ et en 1891-92, $ 10,550; on peut largement faire marcher ce service avec..... 12.000		
Différence..... 10 600		10.600 »
Total des réductions ...		56.235 »

Intérieur

Chapitre III, section 1. — Matériel pour le ministère. Il y a lieu de retirer entièrement cette allocation. Les six ministères viennent d'être pourvus

d'un matériel complet, soit.		3.000 »
Chapitre III, section 1. — Matériel pour les imprimeries nationales, chiffre à déduire		8.000 »
Chapitre III, section 1. — Achat d'une presse pour Port-au-Prince, à déduire de la somme allouée ($ 8,000)		3.000 »
Chapitre III, section 1. — Matériel et outillage pour la Maison Centrale (10,000) à retirer		10.000 »
		24.000 »
Chapitre VI, section 1. — Abonnements aux journaux, à déduire (voir budget 1891-92)	6.000 »	
Chapitre VI, section 1. — Frais de télégramme à déduire (v. budget 1891-92).	4.000 »	
Chapitre VI, section 1. — Construction d'un dépôt d'huile à retirer	4.000 »	14.000 »
A reporter... $		38.000 »

Report........ $		38.000 »
Chapitre VII, section 1. — Eclairage Port-au-Prince à déduire du chiffre demandé............	6.000 »	
Chapitre VII, section 1. — Eclairage, Jérémie à déduire du chiffre demandé.................	6.000 »	12.000 »
Chapitre VIII, section 1. — Appointements de la police, chiffre demandé...	329.136 »	
Chiffre acceptable, budget de 1391-92...........	259.536 »	
Différence.............		69.600 »
Chapitre VIII, section 2. — Frais de police pour sécurité publique à déduire.		90.000 »
Chapitre VIII, section 3. — Habillement de la police à déduire...........		15.000 »
Chapitre spécial. — Acquisition pour cause d'utilité publique à déduire...		28.000 »
Chapitre spécial. — Frais de délimitation, etc, à retirer		6.000 »
Total des réductions...		258.600 »

Travaux publics

Le budget total s'élève à.		938.600 40
Il y a lieu de conserver :		
1° Les appointements portés au budget de 1891-92 $	8.460 »	
2° Matériel et fournitures de bureau pour le ministère.....................	1.500 »	
3° Matériel pour la fonderie nationale..........	3.000 »	
4° Dépense à faire pour le service téléphonique, en vertu du contrat.........	5.000 »	
5° Pour la télégraphie..	30.333 20	
6° Créance Miott-Scott.	37.640 »	
7° Travaux hydrauliques des Gonaïves et du Cap..	100.000 »	
8 Service hydraulique de la capitale...........	24.000 »	
9° Travaux publics en général, y compris annuité à payer à la Compagnie des Télégraphes, s'il y a lieu.	278.000 »	
10° Frais extraordinaires et frais de déplacement des ingénieurs, etc..........	10.000 »	497.933 20
Total des réductions...		440.667 20

Agriculture

Chapitre Ier, section 2. — Appointements des inspecteurs de culture. Il est porté......$ 25.020 »

Le nombre d'inspecteurs de culture est augmenté; il y a lieu de maintenir le nombre d'inspecteurs figurant au budget de 1891-92 coûtant à la caisse publique........................... 19.020 »

Différence en moins................ 6.000 »

Chapitre II, section 2. — Encouragement à l'agriculture, $ 50,000. Cette dépense est tout à fait improductive. Elle est une source d'abus et de faveurs criantes. Personne n'ignore l'usage qui est fait de ces fonds ; à déduire....... 50.000

Chapitre II, section 3. — Débours pour l'Exposition de Chicago, $ 25,000. L'Exposition de Chicago, qui, hélas! n'a déjà que trop coûté, ne doit plus occasionner de débours pendant l'exécution du budget de 1893-94, l'allocation de $ 25,000 doit entièrement disparaître.. 25.000 »

Chapitre III, section 3. — Frais de tournées accordées aux délégués extraordinaires et aux commandants d'arron-

A reporter................ $ 81·000 »

Report.................... $		81.000	»
dissement, $ 19,200. De deux choses : ou les inspecteurs de culture ne sont pas nécessaires, ou les délégués doivent être des sinécures. A retirer..........		19.200	»
Observation. — Que fait donc la police rurale qui coûte à l'Etat $ 200,000 environ?			
Chapitre III, section 2. — Habillement et équipement de la police rurale $ 50,350. Le costume complet qui est côté $ 25 ne peut pas coûter plus de $ 10. A ce prix, ce serait largement payé. Mais il me semble que la situation actuelle de nos finances exige que l'on ne dépense que le strict nécessaire.			
Pour cette raison, qui est capitale, il y a lieu de ne pas accepter cette dépense de................................		50.350	»
Chapitre III, section 3. — Frais extraordinaires.................. $ 3.000			
En 1890-91, il était alloué $ 2,000. Il a été dépensé $ 2,500. En disposant de ces fonds avec			
A reporter........... $	3.000	150.550	»

Report............... $ 3.000 150.550 »

économie, la valeur dépensée en 1890-91 peut suffire.

Observation. — Pour 1891-92, les $ 3,000 allouées ont été dépensées.

Chiffre à porter............ $ 2.500

Différence en moins................ 500 »

Total des réductions.............. $ 151.050 »

Instruction publique

Chapitre Ier, section 1. – Appointements des écoles et pensions, on demande...... $ 798.212 »

On peut bien conserver les chiffres de 1891-92, se décomposant comme suit :

Budget .... 748.368 »

Supplément au budget. 17.880 »

766.248 »

Observation. — Il a été dépensé pendant l'exercice 1891-92............. 721.573 50

Somme non ordonnancée................ $ 44.674 50

En conservant même le chiffre de 1891-92 qui n'a pas été atteint, soit... $ 766.248 »

On obtient une différence de....... $ 31.964 »

A reporter............... $ 31.964 »

Report.................... $		31.964 »
Chapitre 1er, section 2.— Subventions.		
Il est porté........... $	27.780 »	
Budget de 1891-92........ $ 22.800		
Supplément au budget.........$ 1.920	24.720 »	
En conservant les chiffres de 1891-92, on atteint une différence de...........		3.060 »
Chapitre II, section 1. — Location...............$	106.000 »	
Le budget de 1891-92 alloue $ 100.000. Il a été dépensé $ 99,418. Ce qui prouve que les $ 100,000 demandées suffisaient largement. Il y a lieu, je crois, pour le département de l'instruction publique de demander une diminution de 20 0/0 au moins aux propriétaires des maisons louées à l'Etat, celui-ci payant régulièrement aujourd'hui, soit chiffre à		
A reporter.... $	106.000 »	35.024 »

Report .... $	106.000 »	35.024 »
accorder............... $	84.800 »	
Différence (20 0/0).....		21.200 »
Chapitre II, section 2. — Matériel et fournitures de bureau................. $	26.000 »	
Il est bon de conserver le chiffre de 1891-92, d'autant plus qu'il n'a été dépensé pendant cet exercice que $ 20,836 50. Le chiffre budgétaire est de........	21.000 »	
Différence en moins....		5.000 »
Chapitre III, section 1. — Appointements ministère et corps surveillant. $	100.284 »	
A conserver, pour les mêmes motifs que dessus, le chiffre de 1891-92, soit.	46.908 »	
Différence en moins.. $		53.376 »
Chapitre III, section 2. Frais de tournées d'inspection................ $	13.020 »	
A reporter...... $	13.020 »	114.600 »

Report........ $		13.020 »	114.600 »
A conserver le chiffre de 1891-92................ $		2.800 »	
Différence en moins....			10.220 »
Chapitre III, section 3. — Frais de trousseau et de passage................ $		12.000 »	
A conserver le chiffre de 1891-92, soit $ 9,000. On a dépensé de ce chef, pendant le cours de l'exercice, 8,200. A maintenir.......		9.000 »	
Différence en moins ...			3.000 »
Chapitre III, section 4. — Frais extraordinaires, soit.................... $		26.300 »	
Chiffre de 1891-92.... $	21.600 »		
Le budget rectificatif de 1892-93 comporte une diminution de	3.000 »		
Chiffre à adopter pour 1893-94		18.600 »	
Différence en moins....			7.700 »
Total des réductions...$			135.520 »

Justice

Chapitre II, section 1. — Matériel, etc........................ $ 7.500 »

Chiffre de 1891-92, soit 6,500 à maintenir ; cette valeur n'a été dépassée que de 0 60............................ $ 6.500 »

Différence.......................... 1.000 »

Chapitre II, section 2. — Location, $30,149 92. Budget de 1891-92, $ 30,149 92. Il y a lieu, comme pour le département de l'instruction publique, de demander une diminution de 20 0/0 au moins, le gouvernement payant aujourd'hui à date fixe, chiffre porté....... $ 30.149 92

Chiffre réduit à........ 24.119 92

20 0/0 en moins....... 6.030 »

Chapitre III, section 2. — Abonnements à la *Gazette des Tribunaux*, $ 900 Ce journal ne paraît plus. Voir la réponse du journal le *Droit* au *Réveil*....... 900 »

Chapitre III, section 3. — Dépenses imprévues et extraordinaires. $ 3.600

Budget 1891-92,

A reporter..$ 3.600 7.930 »

Report.... $	3.600	7.930 »
2,000. Il a été dépensé 2,009. 38. On peut donc conserver les..	2.000	
Différence........................		1.600 »

Chapitre II, section 4. — Achat d'ouvrages de jurisprudence, $2,400. Puisqu'on affecte au chapitre II, section 5, une somme de $ 6,500 à l'achat du Code civil et de procédure civile de Linstant Pradines, on peut bien faire disparaître l'allocation de $2,400 qui pourra figurer en 1894-95, d'autant plus que cette allocation existe depuis plus de dix ans au budget de la justice, soit........... 2.400 »

Chapitre III, section 4. — Bulletin des arrêts du tribunal de cassation, soit..................... 3.000 »

En imprimant 1,000 exemplaires à $ 1, ce sera largement payé, quand on pense surtout que l'Etat entretient à grands frais sept imprime-

A reporter....... $	3.000 »	11.930 »

Report..........	$ 3.000 »	11.930 »
ries nationales, soit 1,000 à $ 1....................	1.000 »	
Différence........................		2.000 »
Total des réductions..............$		13.930 »

Cultes

Chapitre Ier, section 3. — Supplément de traitement..............................$ 10.800 »

Chiffre de 1891-92 et 1892-93 $ 7,920. Il n'a été dépensé en 1891-92 que 7,425. On peut donc porter l'allocation de....	7.920 »
Différence en moins..............$	2.880 »

Chapitre III, section 1. — Location.................$	7.716 »	
Il y a lieu de demander une diminution de 20 0/0, comme pour l'instruction publique et la justice, chiffre réduit...................	6.172 »	
Différence...............		1.544 »
Observation. — Il n'a été dépensé de ce chef en 1891-92 que..............$	6.017	
Total des réductions............		4.424 »

Budgets de 1893-1894 (*Résumé*)

		CHIFFRES DEMANDÉS	RÉDUCTIONS	RESTENT
Relations extérieures		139.410 »	15.000 »	124.410 »
Finances et commerce		700.951 32	480 »	700.471 32
Guerre	1.610.400 90	1.626.762 56	401.069 »	1.225.693 56
Guerre	16.361 66			
Marine	348.196 40	366.857 39	56.235 »	310.622 39
Marine	18.660 99			
Intérieur et police		1 397.496 96	258.600 »	1.138 896 96
Agriculture		381.124 »	151.050 »	230.074 »
Travaux publics		938.600 40	440.667 20	497.933 20
Instruction publique		1 115.116 »	135.520 »	979.596 »
Justice		492 417 92	13 930 »	478.487 92
Cultes		88 808 26	4.424 »	84.384 26
		7.247.544 81	1.476.975 20	5.770.569 64
Dette publique		3.775.618 10		3.775.618 10
Service de la Banque		300.000 »		300.000 »
		11.323.162 91	1.476.975 20	9.846.187 71

Ainsi, malgré les réductions opérées, vous constaterez, Président, que le budget général de la République pour 1893-94 serait encore de............................$ 9.846.187 71

Les voies et moyens étant évalués à.................... .... 8.056.643 40

Il resterait un déficit de......... $ 1.789.544 31

Comment combler ce déficit ? Un seul moyen nous est offert : diminuer le montant de la Dette publique. La combinaison que j'ai eu l'honneur de soumettre au Conseil des Secrétaires d'Etat et qu'il a bien voulu accepter peut nous permettre d'arriver à ce résultat.

En effet, elle a pour but l'unification de notre

Dette extérieure et de nos Emprunts sur place. Ces deux services réunis n'exigeraient qu'une annuité de 3,500,000 francs, environ, soit $ 656,250 et laisseraient libres les droits suivants :

Sur café P. 1. (Emprunt du 30 septembre 1892), environ............. $	700.000 »
Sur café 0.96 2/3. (Syndicat financier.)......................... $	676.620 »
Sur café 0.33 1/3. (Dette extérieure.)......................... $	233.800 »
Totalité des droits sur cacao, $ 2 20 environ......................... $	88.000 »
Totalité des droits sur campêche, $ 2.95 environ.................... $	442.500 »
	2.140.920 »

L'annuité de la nouvelle Dette étant de $ 656,250 et le service de la Dette extérieure figurant déjà au budget de la Dette publique pour 300,000 environ, il faudra déduire la différence, soit $ 356,250 du chiffre de $ 2,140,920, ce qui laissera un total net de $ 1,784,670, suffisant, avec l'ordre et l'économie dans les dépenses et en se renfermant rigoureusement dans les chiffres qui leur sont alloués, à équilibrer le budget de 1893-94.

Je ne conteste pas, Président, l'utilité, l'urgence même des crédits demandés par mes collègues. Ils sont, d'ailleurs, meilleurs juges que moi pour en décider. Mais, ce que je déclare, c'est qu'il est indispensable d'arriver à équilibrer sérieusement le budget, c'est qu'on ne peut plus continuer chaque année de déficit en déficit sous peine d'aboutir à une catastrophe financière imminente. Aux arguments qu'on pourra invoquer contre des réductions qui s'imposent impérieusement, la sagesse et le profond patriotisme de Votre Excellence opposeront la loi toute-puissante, devant laquelle tout plie : celle de la nécessité!

On ne peut pas faire autrement; il faut donc se soumettre.

Je reste, Président, votre très dévoué serviteur,

F. MARCELIN.

REMBOURSEMENT DU PRÊT STATUTAIRE DÛ A LA BANQUE NATIONALE D'HAITI

Port-au-Prince, le 13 juin 1893.

Président,

Messieurs les Secrétaires d'Etat,

Par la loi du 27 septembre 1892, le Corps législatif a ouvert au Secrétaire d'État des finances et du commerce les crédits suivants à couvrir par un emprunt au mieux des intérêts de l'État :

1° Un crédit de 1,540,182,94 gourdes, pour solder le déficit budgétaire de l'exercice 1891-1892;

2° Un crédit de 300,000 gourdes, destiné à dégager le prêt de pareille valeur fait par la Banque à l'État en vertu des statuts établissant les rapports entre cet établissement et le Gouvernement haïtien.

Du crédit de 1,540,182.94, couvert par l'emprunt du 28 septembre 1892, il a été distrait, d'accord avec vous, la somme de deux cent mille (200,000) piastres, or américain, formant une réserve destinée à parer aux éventualités.

Cette valeur de $ 200,000 immobilisée à la Banque depuis tantôt un an n'a été d'aucun profit pour l'État. Je veux dire que, tandis que nous payons des commissions très élevées à la Banque, cette somme dort dans ses caveaux sans produire aucun intérêt pour le pays.

Pour permettre au Gouvernement de faire face à toutes les circonstances qui pourraient se produire, et pour répondre en même temps à la noble pensée exprimée par les Chambres législatives de rembourser le prêt statutaire de 300,000 gourdes (monnaie nationale), j'ai l'honneur de soumettre à Votre Excellence et à vous, Messieurs les Secrétaires d'État, la combinaison suivante sur laquelle j'appelle toute votre attention :

La loi du 29 septembre 1892 autorisant la substitution des billets de caisse démonétise, à partir du 1er juillet 1893, les billets papier-monnaie actuellement en circulation, mais les précautions prises par le département des finances pour dérouter entièrement la contrefaçon n'ont pas permis de mettre à exécution cette disposition de la loi. Il a fallu entourer la nouvelle émission de garanties solides, chercher un type parfait à l'abri de toute imitation pour conduire à bonne fin cette opération. Ces motifs réunis m'ont déterminé à soumettre à Votre Excellence l'arrêté du 13 juin.

Cet arrêté portant la démonétisation au 1er janvier 1894, le premier tirage au sort, logiquement, ne pouvait avoir lieu que le premier mardi de juillet 1894. La substitution est ainsi renvoyée à une année. En attendant, les 50 centimes perçus durant 1893 s'élèveront en décembre à $ 350,000 environ. De ce chiffre, 108,000 à peu près ont été absorbées pour les frais de fabrication, de commission et tous autres, conformément au troisième paragraphe de l'article 4, qui permet à la Banque de s'en rembourser sur les premiers fonds. Il reste en ce moment à la Banque une balance inactive de $ 150,000 qui, certainement, à la fin de l'année, sera de $ 225,000. La date du premier tirage étant reportée en juillet 1894 et le second, par conséquent, en janvier 1895, l'État aura entièrement disponibles les $ 335,000 de l'année 1894 pour y faire face, quand il ne lui faut, en réalité, pour les deux tirages, que $ 250,000. La substitution se trouvera donc dans une meilleure situation que si elle avait effectué cette année son premier tirage, car elle aura été déchargée de $ 108,000 environ, prix de la fabrication et des autres frais, payés en 1893.

Peut-on laisser, sans bénéfice pour l'État, tant d'argent à la Banque, surtout quand il est démontré que le service de la substitution et de l'amortissement est largement garanti, mieux garanti que ne l'avait même prévu le législateur, puisque, par le fait du retard forcé, les frais de l'opération et autres sont reportés sur une année antérieure ?

Quand, article 9, le législateur s'exprimait ainsi : « A partir du 1er janvier 1893, lorsque les droits « affectés au remboursement de l'Emprunt du « 6 mars 1890 seront redevenus libres, le Gouvernement d'Haïti est autorisé, en vertu de cette loi, à « déléguer à la Banque nationale les mêmes droits « de 0,50 c. or par cent livres de café, etc., etc., » il entendait que la démonétisation eût lieu le 1er juillet 1893 et le premier tirage le premier mardi du mois de janvier 1894. Mais, les circonstances ayant forcément obligé de changer ces dates, il s'ensuit que le Gouvernement ne peut laisser à la Banque la jouissance de ces fonds sans affectation désormais, et que la délégation dont parle l'article 9 doit être fixée à une date qui la coordonne avec celles de la démonétisation et du premier tirage, c'est-à-dire au 1er janvier 1894.

Je vous propose donc, Président, Messieurs les Secrétaires d'État, le remboursement immédiat du prêt statutaire par le moyen suivant :

1o Disposer des $ 200,000 formant la réserve or à

15 0/0 environ.......................... $ 230.000

2° Distraire des $ 150,000, balance actuellement disponible à la Banque sur les 50 c. recouvrés, environ $ 61,000 or, vendues à 15 0/0 (ou moins selon le change)............................ 70.000

$ 300.000

Soit trois cent mille gourdes qui serviront à rembourser le prêt statutaire dû à la Banque depuis plus de DOUZE ANNÉES.

Les avantages de cette opération sont trop palpables pour exiger de longs développements.

En effet, la Banque étant tenue de mettre à la disposition du Gouvernement les $ 300,000 en vertu des clauses du contrat, la réserve du Trésor se composera désormais :

1° Du découvert statutaire........... $ 300.000

2° De la différence entre 61,000 et 150,000 de l'affectation de 50 c.......... 89.000

3° De la valeur à encaisser jusqu'au 31 décembre.......................... 80.000

$ 469.000

Cette réserve totale s'élèvera donc au chiffre de $ 469,000 : elle sera plus que doublée. Mais là n'est pas le seul avantage.

Le Trésor public, en immobilisant les $ 200,000 de

la réserve et les $ 150,000 encaissées pour le retrait et la nouvelle émission, fait une perte réelle de $ *26,250* si on ne calcule qu'à 7 1/2 0/0, taux auquel la Banque place avec le Gouvernement, en vertu du contrat, les $ 300,000 de prêt statutaire (6 0/0 d'intérêt et 1 1/2 0/0 commission), dont...... $ 26.250

A cette perte, il faut ajouter les intérêts et la commission payés à la Banque sur le montant du prêt statutaire, soit........... 22.500

$ 48.750

La combinaison que j'ai l'honneur de soumettre au Conseil procure donc à l'État une réserve immédiate plus élevée que celle dont il dispose actuellement, réserve qui sera plus que doublée à la fin de l'année. Au minimum, elle réalise une économie annuelle de $ 22,500 payées à la Banque comme intérêts et commission sur les $ 300,000, et cela depuis plus de douze ans. Le public sait que la Banque n'a aucun intérêt à être remboursée de son prêt statutaire. Mais l'État, lui, a intérêt à avoir un découvert disponible ne coûtant que 7 1/2 0/0 et qui nous permettra de résister désormais à certaines exigences. Habilement manié, ce découvert aura de plus une influence heureuse sur les opérations générales de l'État et sera le premier coup porté pour assurer l'indépendance du ministre des finances vis-à-vis de cette institution. Il donnera enfin pleine satisfaction au Corps législatif.

Si le Conseil daigne accepter cette combinaison, je lui demanderai le secret sur sa décision durant quelques jours afin d'effectuer l'opération au mieux des intérêts de l'État.

F. MARCELIN.

NÉCESSITÉ DE MAINTENIR LES RÉDUCTIONS OPÉRÉES AU BUDGET DES DÉPENSES

Port-au-Prince, le 29 juillet 1893.

A Son Excellence le Président d'Haïti

PRÉSIDENT,

Chaque fois qu'il s'agit de l'intérêt général, n'importe quel citoyen trouve dans Votre Excellence le plus énergique appui. Convaincu qu'il est de l'intérêt général que l'œuvre accomplie au Cap, en ce qui concerne la réduction des différents budgets, soit maintenue, je n'hésite pas à recourir à cette haute autorité et à cet appui qui, en telles circonstances, n'ont jamais fait défaut à personne et qui ne manqueront pas, j'en suis persuadé, au ministre des finances pour défendre l'économie générale du budget de l'État.

Les voies et moyens de l'exercice 1893-1894 ont été arrêtés à 8,056,643.40. Il faudra beaucoup de vigilance dans la perception de nos recettes pour que ce chiffre soit pleinement atteint.

Voici comment j'ai entendu l'établissement de ce budget :

Voies et moyens			$ 8.056.643.40

DÉPENSES :

Relations extérieures $		111.610 »	
Finances et commerce.		699.731.32	
Guerre et marine.....		1.485.909.40	
Intérieur et police générale		1.073.916.96	
Travaux publics, soit.......	573.600.40		
Moins-value en plus au chapitre : Télégraphie......	19.395.70		
	554.204.70	554.204.70	
Agriculture..........		271.574 »	
Instruction publique..		893.728 »	
Justice		482.987.92	
Cultes................		88.808.26	
Service courant......		*A reporter.* $	5.662.470.56

Report.................... $ 5.662.470 56

DETTE PUBLIQUE :

Emprunt du 22 janvier 1892 :

Solde à payer en janvier. Capital : $ 1.060.110.20.

Intérêts, 12 0/0 (de février à septembre 1892).	127.213.22		
Amortissement, 10 0/0....	106.011.02		
	233.224.24	233.224.24	

Emprunt du 28 décembre 1892. Renouvellement de celui du 22 janvier 1892. Solde débiteur environ, au 30 septembre 1893 : $ 600.000.

Intérêts, 18 0/0 (à partir d'octobre 1893)...	108.000		
Amortissement, 10 0/0.	60.000		
	168.000	168.000 »	
A reporter.. $		401.224 24	5.662.470 56

Report...... $		401.224 24	5.662.470 56
Emprunt du 30 septembre 1892. Solde à payer au 30 septembre 1893, environ $884.000.			
Intérêts, 18 0/0 (à partir d'octobre 1893)...	159.120		
Amortissement, 10 0/0.	88.400		
	247.520	247.520 »	
		$ 648.744.24	
Les autres services de la Dette publique..		1.231.507.90	
Service de la Banque..		300.000 »	
		2.180.252.14	2.180.252.14
		$	7.842.722.70

Les voies et moyens étant de....	$	8.056.643.40
les dépenses de....................		7.842.722.70
il y a une balance en faveur de l'exercice de..........................	$	213.920.70

A cette balance à la recette, il faut ajouter le montant des impôts nouveaux pour *couvrir en partie* le déficit budgétaire au 30 septembre 1893, évalué approximativement à 2,000,000 gourdes. Chacun sait qu'il n'est plus possible d'employer la voie de l'emprunt local pour solder le déficit budgétaire : il faut donc faire des économies sur le budget.

C'est ici le moment, Président, de rappeler qu'il importe qu'avec le budget je puisse *présenter aux Chambres* les différents projets de loi qui l'appuient, le soutiennent et l'expliquent en quelque sorte.

Rien de plus juste que la mesure envers les porteurs de la Dette flottante. L'intérêt de 18 0/0 leur est conservé, et ils jouissent d'un amortissement de 10 0/0 qui leur garantit l'extinction de leur Dette avant dix ans. Du reste, dans la loi que je présenterai à ce sujet, j'établirai que la mesure n'est que provisoire, — pour donner au Gouvernement le temps d'étudier les différents projets qui nous sont soumis et pour préparer aussi l'opinion publique à une évolution nécessaire. Il ne faut pas que l'emprunt à l'extérieur devienne une arme aux mains des agitateurs pour exploiter les crédules. Malheureusement, dans cette question, j'ai constaté, chez des esprits cultivés et bien placés par le rang qu'ils occupent dans la société, beaucoup de préventions, de défiance et de parti pris. C'est pourquoi je n'ai jamais voulu lier le sort du budget à celui de l'Emprunt. La mesure que j'ai adoptée ne sera pas critiquée, et si, de prime abord, elle soulève quelques mécontentements parmi les intéressés, il sera facile de les calmer en démontrant qu'elle n'est que temporaire et, en somme, excessivement avantageuse pour les porteurs.

Passant à quelques points de détail, il me semble qu'il serait nécessaire de réglementer par une loi le personnel de chacun de nos navires de guerre. Les chiffres sont portés en bloc au budget de la marine. Cependant, ce service est trop important pour qu'il ne soit pas déterminé par des dispositions légales.

Notre flottille devant faire désormais un service actif et aider à la protection de nos revenus douaniers, la question de provisions de campagne devrait être complètement élucidée. Il serait plus simple d'établir que cette dénomination de « *provision de campagne* » ne serait plus employée vis-à-vis du ministre des finances. Il sait qu'il a tant à payer chaque mois pour la nourriture de chaque bateau. Soit que les navires voyagent, soit qu'ils restent l'ancre, la somme fixée ne devra pas être dépassée. Mais le département de la marine peut se faire avancer, sur ce chiffre, sans dénomination spéciale et sur reçu à régulariser lors de l'émission de l'ordonnance, la somme nécessaire à pourvoir de vivres les navires en partance. Dans ce cas, les ordonnances pour provision aux navires devraient être faites au nom du département de la marine, et non au nom de tiers, afin d'opérer aisément les retenues.

J'ai relevé, ainsi que l'a vu Votre Excellence, dans le département des travaux publics, une erreur qui s'y était glissée. D'après la convention du 27 juin 1888 — prolongement du câble du Môle à Port-au-Prince — nous avions à payer 650,000 francs ou, en piastres........................... $ 121.870 »

Or, nous avons payé jusqu'à ce jour (comprenant l'échéance de juillet)..... 110.937.50

Balance à payer pour l'exercice 1893-1894................................ 10.937.50

L'exercice 1892-93 ayant soldé la valeur prévue par le contrat de juillet 1890, il faut donc déduire du projet de budget 1893-94 du département des travaux publics cette balance du chiffre de $ 30,333 20 porté audit budget.... $ 30.333 20

A déduire du projet de budget 1893-1894................................ $ 19.395 70

Il ne faut pas que cette erreur relevée ne porte aucun fruit : c'est-à-dire que le département trouvant une autre dépense *urgente* rétablisse le chiffre économisé.

Je suis absolument certain, Président, que la situation financière s'améliorera beaucoup après le vote du budget tel que j'ai l'honneur de vous le présenter. Déjà elle s'annonce sous de favorables auspices : le change sur notre papier-monnaie baisse chaque jour, tandis que les effets publics montent progressivement. Pour consolider cette situation, il ne faut que de l'ordre et de la sagesse.

J'ajoute que Votre Excellence, poursuivant la voie ouverte l'année dernière pour l'achat des deux canonnières pourrait entreprendre cette année deux travaux qui lui tiennent à cœur et dans des conditions de réel bon marché, puisqu'ils seraient payés comptant : le chantier de radoub de Port-au-Prince et le marché du Cap. Le prêt statutaire remboursé et constituant ainsi une réserve de 300,000 dollars à la disposition du Gouvernement, pourquoi n'emploierait-il pas le solde des 0,50 de la substitution de 93 à ces deux travaux ? Je ne crois pas me tromper en affirmant qu'avec 300,000 francs comptant on pourrait avoir le marché du Cap et une installation très suffisante pour la réparation de nos bateaux avec 300,000 francs. Au budget de 1894-95, les Travaux publics demanderaient des crédits pour régulariser ces dépenses. Ainsi on pourrait, chaque année, faire quelque chose de réel, d'utile, et coûtant le prix vrai.

Si donc, Président, il est impossible de faire de nouvelles réductions sur celles obtenues au Cap, qu'au moins elles ne soient pas contestées. Le devoir ordonnerait même de ramener le budget des dépenses à 7,500,000 gourdes. J'admets que cela serait peut-être difficile à obtenir. C'est pourquoi je ne demande que le maintien de ce qui a été fait avec l'assentiment des membres du cabinet. Mais je le demande au nom de l'intérêt supérieur du pays qui est réellement fatigué des budgets déséquilibrés et de leurs déficits annuels.

Je suis convaincu que l'appui de Votre Excellence ne me fera pas défaut pour atteindre ce but.

Je vous prie d'agréer, Président, l'hommage de mon absolu dévouement.

F. MARCELIN.

SUPPRESSION DU PAIEMENT DE LA SOLDE ET DE LA RATION SUR REÇUS DES ADMINISTRATEURS DES FINANCES

Port-au-Prince, le 2 septembre 1893, An 90e de l'Indépendance.

Le Secrétaire d'État au Département des Finances et du Commerce à Son Excellence le Président d'Haïti.

PRÉSIDENT,

Pour obvier à toutes les irrégularités que fait naître le paiement de la solde et de la ration sur simples reçus des administrateurs des finances, je viens d'adresser à ces fonctionnaires une circulaire et au Directeur de la Banque une dépêche déterminant, selon les dispositions du règlement sur le service de la trésorerie, les procédés à suivre à l'avenir pour le paiement régulier des dépenses de cette branche du service public.

Je n'ai pas manqué de communiquer à mon

collègue de la Guerre les nouvelles dispositions prises à cet effet.

J'ai l'honneur de remettre à Votre Excellence copie de la circulaire : *Aux Administrateurs des Finances.*

Je demeure, de Votre Excellence, le très dévoué serviteur.

F. MARCELIN.

CIRCULAIRE

Port-au-Prince, le 2 septembre 1893.

Aux Administrateurs des Finances de la République.

MONSIEUR L'ADMINISTRATEUR,

Le système adopté depuis quelque temps, autorisant les administrateurs des finances de la République à toucher directement de la Banque les fonds nécessaires au paiement de la solde et de la ration, est tout à fait contraire à la bonne application de nos lois de finances et à la stricte exécution de nos règlements d'administration publique.

Les cadres des régiments relevant de votre arrondissement financier étant nettement déterminés par le budget du département de la guerre et par des lois spéciales, vous êtes invité, à partir du 1er octobre prochain, à dresser, le 15 de chaque mois, pour le mois suivant, les ordonnances de dépenses déterminant, d'après les dispositions ci-dessus invoquées, les valeurs à payer du chef de la solde et de ration.

Ainsi, dès le 15 septembre prochain, vous ouvrirez pour le mois d'octobre 1893 les comptes de la solde et de la ration, dans le livre à affecter aux opérations de l'année budgétaire 1893-1894.

Les ordonnances de dépense dressées conformément aux présentes instructions seront expédiées au département de la guerre, qui me les fera parvenir sans retard pour que, dans les derniers jours du mois de septembre, vous ayez en votre possession le chèque devant vous permettre de répondre à temps au paiement de la solde et de la ration du mois d'octobre.

Si, après la passation de la revue, tous les militaires formant le cadre n'étaient pas présents sous les armes, vous auriez à émettre une ordonnance de recette pour la rentrée immédiate au Trésor public de la différence qui, en dépense, serait ordonnancée en plus.

Veuillez, Monsieur l'Administrateur, exécuter strictement mes instructions pour que le service important de l'armée n'ait à souffrir d'aucun retard.

La Banque Nationale d'Haïti a reçu l'ordre formel de mon département de ne rien payer sur vos reçus à partir du mois d'octobre prochain, tout paiement devant se faire à l'avenir sur pièces comptables régulièrement dressées, conformément à nos lois et règlements en vigueur.

Recevez, Monsieur l'Administrateur, l'assurance de ma parfaite considération.

F. MARCELIN.

TOURNÉES D'INSPECTION DU CHEF DU DÉPARTEMENT DES FINANCES ET DU COMMERCE

Port-au-Prince, le 8 septembre 1893, An 90e de l'Indépendance.

Le Secrétaire d'État au Département des Finances et du Commerce à Son Excellence le Président d'Haïti.

PRÉSIDENT,

Ainsi que j'ai eu l'honneur d'en entretenir Votre Excellence, je suis résolu, avec l'année budgétaire nouvelle, d'entreprendre moi-même des tournées d'inspection dans nos différents arrondissements financiers, accompagné d'un inspecteur, d'un ou de deux employés. Je pourrai me rendre compte sur les lieux mêmes des mesures à prendre pour le bon ordre dans le service. Exciter le zèle des fonctionnaires, relever leurs défaillances, faire revivre les principes de hiérarchie, rétablir la régularité partout où besoin sera, tel est le but que je poursuivrai. Ces tournées pourront avoir lieu le 15 de chaque mois, au moment où j'aurai achevé le paiement des appointements, solde et ration. Je prendrai quelques jours sur le service courant pour ces inspections qui, j'en suis assuré, produiront les plus immédiats résultats sur le rendement de nos douanes.

Si, dans la mission qui lui est dévolue, je constate qu'un administrateur, un directeur de douane, un fonctionnaire quelconque s'écarte de ses devoirs et se rend coupable de faits graves ou pouvant le devenir dans la suite, soit par incurie ou tout autre motif blâmable, le service sera confié au subordonné, et c'est à la Capitale, en présence de Votre Excellence, qu'il devra expliquer sa conduite.

A mon avis, les voyages réitérés du chef du département des finances dans les arrondissements financiers sont les seuls moyens propres à rendre effectif le contrôle des bureaux et leur imprimer désormais une marche convenable. Ainsi tenus en éveil, ces bureaux redoubleront d'efforts et chercheront à justifier la confiance du Gouvernement.

A mon retour d'une tournée, je placerai sous les yeux de Votre Excellence un rapport contenant les moindres détails sur les aptitudes, la moralité et l'assiduité au travail des fonctionnaires et employés des arrondissements que j'aurai visités, sur l'état des bureaux et les améliorations commandées.

Je soumets ces réflexions à la haute attention de Votre Excellence et je serai heureux d'apprendre qu'Elle a bien voulu y donner son approbation.

Daignez agréer, Président, l'hommage de mon profond respect et de mon entier dévouement.

F. MARCELIN.

EMPLOI FAIT PAR LE CORPS LÉGISLATIF DU PRÊT STATUTAIRE DÉGAGÉ

Port-au-Prince, le 16 novembre 1893.

Président,

Messieurs les Secrétaires d'État,

Je dois porter à la connaissance du Conseil que la Chambre des députés, sans m'appeler à donner mon opinion sur la question, a équilibré le budget général de l'Etat, exercice 1893-94, en faisant usage du prêt statutaire. Arrivé au moment où le vote venait d'être donné, j'ai cru devoir présenter quelques observations à l'Assemblée. Son président m'ayant fait observer que le vote était acquis et qu'on ne saurait y revenir, j'ai tenu à les présenter tout de même, persuadé qu'il y allait de l'intérêt supérieur de l'Etat à agir ainsi... Le prêt statutaire — ai-je rappelé à l'Assemblée — a été dégagé en vertu d'une loi formelle du Corps législatif, qui ouvrit à cet effet *un crédit de $ 300,000 au secrétaire d'Etat des fi-*

nances destiné à dégager le prêt dû à la Banque Nationale pour pareille valeur due aux termes des statuts, et permettre ainsi au département des finances de bénéficier des avantages déjà stipulés en faveur des mensualités nécessaires au découvert budgétaire? Le secrétaire d'Etat n'a pas voulu faire usage du crédit de $ 300,000, estimant que l'Emprunt serait trop onéreux : il a préféré dégager le prêt statutaire avec les seules ressources de l'Etat.

Ce dégagement a été fait pour obéir à la loi d'abord et ensuite parce qu'il était indispensable que le département des finances eût en mains — la convention pour le service de la solde, de la ration, des appointements n'ayant pas été renouvelée avec la Banque — un crédit toujours disponible dont il pût user en cas de nécessité.

On doit se rappeler que les $ 500,000 de la substitution ont été données pour payer les dépenses du mois de septembre. Les dépenses payées, il n'est resté de cette somme que $ 100,000 environ qui ont été appliquées à l'exercice en cours. Or, précédemment, pour assurer le service privilégié de la solde, de la ration, des appointements, il avait fallu recourir à deux moyens : la convention avec la Banque assurant mensuellement $ 350,000 à l'Etat et le contrat avec les syndicats lui assurant aussi $ 150,000 chaque mois. Le prêt statutaire de $ 300,000 dégagé devait remplir, dans le nouveau système, le rôle de la convention non renouvelée ; les droits à l'exportation remis dernièrement à l'Etat par le vote de la loi sur la Dette flottante, le rôle du syndicat.

Si le prêt statutaire actuel doit combler le déficit entre le budget des dépenses et celui des recettes, il est évident qu'au 30 septembre ce prêt sera consommé, c'est-à-dire qu'il aura servi à acquitter des services faits.

Il faudra donc revenir à l'ancien système onéreux de la convention avec la Banque et des Emprunts avec les syndicats. Ce n'était pas la peine, après douze années, de dégager ce prêt afin d'essayer d'en faire le pivot d'une combinaison meilleure, pour le rengager immédiatement en l'affectant, comme s'il représentait une recette réelle et effective, à l'acquittement des dépenses de l'Etat. L'origine de de la Dette, l'esprit de la loi, le texte formel du deuxième alinéa de l'article premier de la loi du 30 septembre 1892, tout établit que le prêt statutaire de la Banque devait rester comme un rouage de trésorerie, comme un crédit de Banque toujours disponible. Il n'est pas fait pour être consommé et c'est une méprise que de l'assimiler à une recette ordinaire de l'Etat. Il était autre chose aux yeux du législateur de 1892 : réserve dans les mois de faible rendement, il devait garantir le Trésor des Emprunts contractés en monnaie nationale, remboursables en or à 18 0/0, Emprunts qui, pour peu que le change soit à 25 0/0, comme à l'époque du premier syndicat, reviennent à environ 40 0/0, ne constituant, en réalité, pendant cinq mois de la récolte, que le troc de l'or de l'Etat contre le papier-monnaie des prêteurs majoré de 18 0/0.

Telles sont, Président, Messieurs les Secrétaires d'Etat, les observations que j'ai cru devoir présenter à la Chambre des députés... J'ajoute que, le budget étant une loi à laquelle le ministre des finances a pour devoir de se soumettre, il ne saurait se soustraire au paiement des dettes de l'Etat quand les valeurs pour leur acquittement sont prévues par le législateur. Dans ces conditions, le vœu de l'Assemblée nationale qui, dans sa réponse à l'exposé de la situation, s'écriait : « Puisse le remboursement du prêt statutaire être le commencement d'une ère nouvelle ! » reste problématique.

Je suis persuadé que si j'avais été appelé — je l'ai dit du reste à l'Assemblée — ce moyen destiné à créer des embarras au ministre des finances et à ramener l'Etat, avant longtemps, à la convention répudiée et aux emprunts locaux, n'aurait pas été admis... Au surplus, si les négociations entamées sous les meilleurs auspices pour porter au moins à $ 500,000 le chiffre du prêt statutaire n'aboutissent pas, il en faudra chercher uniquement la cause dans cette façon impraticable d'équilibrer le budget, façon qui ne peut pas manquer d'inspirer à la Banque nationale d'Haïti cette réflexion qu'en nous laissant au chiffre de 300,000 gourdes engagé désormais pour l'acquittement des services budgétaires elle hâte le moment où nous devons fatalement retomber dans ses bras !

F. MARCELIN.

DETTES INTÉRIEURE ET EXTÉRIEURE

Port-au-Prince, le 21 novembre 1893.

Président,

Messieurs les Secrétaires d'État,

Il y a peu de chose à dire de la Dette Intérieure. Les 0.50 c. affectés à son service rapportent à peu près *320,000 dollars* par an, chiffre qui suffit largement à l'amortissement et aux intérêts de cette dette, lesquels ne dépassent pas annuellement *280,000 gourdes*.

Je rappelle simplement qu'au 11 août 1892 le compte « Service Dette Intérieure — compte or — » avait à son crédit 13,953 03 dollars et qu'il devait à « Réserve en or » *30,767.27, dollars* valeur représentant le complément du paiement des intérêts et amortissement de la Dette Intérieure, échéance du 1er juillet 1892 : cette somme a été restituée intégralement au 31 octobre. — Parfois la Dette Intérieure aide le service courant dans ses embarras momentanés, et presque toujours elle concourt à compléter le montant nécessaire au paiement des coupons, bons de coupons de la Dette Domingue.

S'il n'y a rien à dire de la Dette Intérieure, il n'en est malheureusement pas de même de la Dette Extérieure. L'affectation de 33 1/3 0/0 est absolument insuffisante au paiement de ses intérêts et de son amortissement. En effet, elle ne produit annuellement que *214,000 dollars* environ, tandis que ce service exige au moins *300,000 dollars*.

Au surplus, ce compte de 0.33 1/3 0/0 n'a été ouvert qu'au 1er juillet 1892 dans la comptabilité du département des finances. Avant cette date, sous les ministères précédents, il était affecté 0.60 *cents* au service de la Dette Extérieure : les engagements de l'Etat, les affectations accordées à la Dette flottante n'ont pas permis, sans doute, de continuer cette affectation de 0.60 cents. Or, dans ces conditions, le département des finances est presque toujours obligé, à côté des prêts faits par la Dette Intérieure, de contracter des emprunts pour faire face à ce service, en attendant que les rentrées sur les 33 cents 1/3 lui permettent de procéder au remboursement, remboursement qui s'effectue toujours difficilement, vu l'insuffisance du produit de ces 0.33 cents 1/3.

C'est ainsi que, pour le paiement de l'échéance du 1er juillet 1893, le compte des 0.33 cents 1/3 reste encore devoir à la Dette Intérieure $ *40,486.91 or*, valeur qu'il ne pourra jamais restituer, vu l'insuffisance de son produit.

Il en est de même pour les 260,000 francs (avec intérêts au 1er octobre 1893,273,000 francs) de traites achetées de MM. F. Hermann et Co, payables au 1er octobre 1893, sur le produit des 0.33 cents 1/3 pour cette même échéance du 1er juillet 1893. Ce compte n'a pu fournir à cette date que *21,210 dollars or*, représentant la contre-valeur à 10 0/0 de prime de 112,000 francs.

Il restait donc sur les 273,000 francs 161,000 fr. à payer. Le département des finances a dû encore emprunter de MM. F. Elie et Co, d'Aubigny et Co et Simmonds frères 161,000 francs (toujours en donnant en garantie les 0.33 cents 1/3) pour pouvoir arriver à payer intégralement les 273,000 francs à MM. F. Hermann et Co.

J'ai déjà compté, sur les 161,000 fr., 59, 366 fr. en un chèque sur la Société du Crédit Industriel et Commercial de Paris, somme que l'Etat avait à son crédit dans cet établissement. Puis, provenant des fonds encaissés, 10,000 dollars or ou 53, 333 fr. 33. Il reste donc une balance de 48,301 fr. 67 qui sera prochainement soldée.

Mais il faut expédier à Paris, à la Société du Crédit Industriel et Commercial, dès la fin de ce mois, les valeurs nécessaires au paiement des coupons et bons de coupon, échéance 1er janvier 1894, soit 600,000 francs environ.

Je demande donc, Président, Messieurs les Secrétaires d'Etat, conformément à ce qui s'est toujours pratiqué, l'autorisation du Conseil pour faire l'emprunt indispensable au service de la Dette Extérieure, service qui ne peut souffrir de retard.

F. MARCELIN.

NÉCESSITÉ D'AVOIR POUR 1894-1895 UN BUDGET ÉQUILIBRÉ ET DE CONVERTIR LA DETTE FLOTTANTE

Port-au-Prince, le 16 janvier 1894.

PRÉSIDENT,

MESSIEURS LES SECRÉTAIRES D'ÉTAT.

La mauvaise situation des finances haïtiennes, ainsi qu'on a pris soin de le rappeler à maintes reprises, réside tout entière dans nos budget de dépenses absolument disproportionnés avec nos recettes.

Peut-on ramener ceux-là en proportion de celles-ci ? Sans doute on pourrait le faire, et c'est ce qui semblerait le plus sage et le plus raisonnable... Bornons-nous simplement à constater que les efforts essayés de ce côté n'ont pas abouti, soit qu'ils n'aient pas été suffisamment virils, soit que l'esprit public, celui même, en première ligne, du Corps législatif, ne soit pas assez pénétré du grand danger qui nous menace.

Les peuples se résolvent difficilement, il faut en convenir, ils hésitent jusqu'au bout à changer leurs habitudes de dépenses une fois qu'ils en ont pris le pli : il faut que ce soit la banqueroute qui les y force. Sans vouloir chercher des exemples, il suffit de dire que l'Italie se trouve exactement dans une situation semblable à la nôtre. Ecrasée sous le poids de dépenses trop lourdes, elle ne peut se résoudre ni à les diminuer, ni à augmenter ses impôts. Les ministères changent : la situation financière du royaume d'Italie empire chaque jour davantage.

L'année dernière, nous avons essayé quelques réformes, nous avons eu quelques velléités de résistance aux augmentations qui pourraient être proposées au budget déposé par l'Exécutif. Il faut malheureusement un peu plus que des velléités en face d'une crise semblable à celle que nous traversons. Il faut une politique énergique et soutenue qui ne se paie plus de mots, mais de faits, qui ne proclame pas des lèvres un principe en se réservant *in petto* dans les comités ou dans les séances publiques des Chambres le droit de le défendre mollement, de l'abandonner à la première attaque quand on ne donne pas soi-même le signal de la défection. Il faut que le cabinet tout entier, adoptant, dans l'intérêt social, cette politique financière, la fasse triompher. Il ne s'agit donc plus de laisser faire les Chambres ;

on doit s'opposer à ce qu'elles fassent. Le devoir du Gouvernement est de combattre ainsi cette tendance qui semble inhérente à la fonction de député, dans le monde entier, de réclamer toujours l'économie, la réduction en thèse générale et dans de longs discours, quitte, une fois entré dans la discussion des chapitres d'un budget, à faire voter tout ce qui intéresse soi et sa commune. Personne ne contestera qu'il est nécessaire, pour atteindre ce but, que l'unité d'action soit en ce point parfaite entre tous les ministres.

A quel chiffre peut-on raisonnablement fixer le budget des dépenses ? Assurément, il serait préférable de n'avoir un budget que de $ 7,000,000 de dépenses, laissant ainsi une marge de $ 300,000 environ en faveur de la recette. Mais il faut voir en tout le côté pratique, et tenir compte de la réalité des choses : un budget de 7,000,000 en ce moment n'est pas possible sans des réformes radicales. Ces réformes, peut-on les entreprendre à l'heure actuelle ? Là est la question.

Il ne faut pas oublier, d'un autre côté, que le pays s'est imposé des charges nouvelles dans l'évolution qu'il accomplit vers le progrès et la civilisation : ces charges sont légitimes et nul ne peut contester leur opportunité, le but de toute société humaine étant de s'améliorer et de se perfectionner le plus possible par l'assimilation intelligente des découvertes de la science et de l'industrie. Or, les dépenses faites dans ce but doivent pouvoir être satisfaites en sacrifiant impitoyablement à elles tous les parasites du budget haïtien. Mais personne ne contestera que si l'on a 7,800,000, à dépenser on ne puisse faire une large part à ces besoins légitimes. Adoptons donc un budget de 8,000,000, ou plutôt de 7,800,000, car il faut toujours laisser une certaine marge entre la dépense et la recette, ne serait-ce que pour permettre ou à l'Exécutif ou au Corps législatif d'inscrire au dernier moment une dépense absolument urgente.

Ici une question se dresse tout d'abord, question qu'il faut résoudre avant d'aller plus loin : la République ne produit pas 8,000,000.

En effet, nous ne devons compter que sur 7,300,000 de rendement.

Il y a donc une différence de $ 700,000 à combler. Cettte différence, il faut la trouver, car il ne s'agirait de rien d'adopter quelque combinaison financière que ce soit si on n'arrivait à finir avec les déficits annuels. A quoi servirait-il, en effet, de régler une situation pour se trouver quelques mois a près exactement au même point ?

Je pense qu'il n'y a pas d'autre moyen — s'il est établi que nous ne pouvons ramener notre budget de dépenses à 7,300,000 — que l'impôt. Jusqu'ici nous avons pratiqué l'impôt sous la forme commode et facile d'augmentation de taxe ou à l'importation ou à l'exportation. L'année dernière, la Chambre des députés a montré, affirme-t-on, une certaine répugnance pour une taxe nouvelle de 15 0/0 à l'importation. Si cette taxe pouvait être adoptée, la question aurait été résolue et les $ 700,000 qui manquent au budget seraient du coup trouvées. Mais il faut dès ce moment, et pour le cas où cette répugnance ne pourrait pas être vaincue, prévoir la création d'impôts nouveaux sur des objets non encore imposés et qui, ailleurs, sont la principale base du revenu des Etats.

Je pense qu'on peut trouver aisément dans les alcools fabriqués tant dans le pays qu'à l'extérieur, dans les recettes postales, dans les droits sur l'enregistrement, les successions, etc., le moyen de combler cette différence. Le budget ainsi établi à $ 7,800,000 ne devrait pas être dépassé sous quelque prétexte que ce soit, car déjà il aurait dans son sein un élément qui inviterait à la prudence : le rendement d'impôts nouveaux non encore vérifiés par l'expérience.

Mais il ne suffit pas d'arranger l'avenir, il faut encore liquider le passé. Or, le passé, le voici :

Déficit sur l'exercice 1892-93.....	$ 2.000.000	»
Déficit probable sur l'exercice 1893-94..........................	1.000.000	»
	$ 3.000.000	»

Le 11 octobre dernier, le Corps législatif a rendu une loi sur le règlement de la Dette flottante, qui dans son article 2 dispose ainsi :

« Le Secrétaire d'Etat des finances est autorisé « également à contracter avec tous capitalistes « et en offrant tout ou partie de l'affectation de une « piastre pour arriver à la diminution des intérêts « actuellement payés.

« Le contrat passé à cet effet, ainsi que les détails « de l'opération, seront soumis à la sanction des « Chambres. »

Le Gouvernement a donc en main l'instrument nécessaire pour contracter un emprunt à l'étranger : il y est d'ores et déjà autorisé par le pouvoir législatif, qui ajoute que « le contrat passé à cet effet, ainsi que les détails de l'opération, seront soumis à sa sanction ».

Ainsi, autorisé par les Chambres, et le principe de l'emprunt étant déjà voté par elles, le Gouvernement est libre d'agir, ce qu'il doit se hâter de faire, le crédit de l'Etat à l'étranger étant dans des conditions auxquelles à aucune époque il ne s'est trouvé.

Avec la piastre et demie affectée actuellement à la liquidation des emprunts unifiés, le Gouvernement peut largement contracter un emprunt de 30,000,000 francs effectifs, lesquels serviraient à liquider les déficits budgétaires de 1892-93, et de 1893-94.

Ensemble......................$	3.000.000 »
Et à rembourser les emprunts unifiés, soit...........................	2.674.490 95
	$ 5.674.490 95

En conséquence, je sollicite l'opinion du Conseil, d'abord sur la façon de combler l'écart qui pourra exister dans le nouveau budget 1894-95, entre les recettes et les dépenses et ensuite sur la nécessité de contracter un emprunt à l'étranger, non seulement pour rembourser notre Dette flottante, mais encore pour liquider les déficits budgétaires de 1892-93 et de 1894-95.

Si le Conseil approuve l'emprunt à l'étranger, je me mettrai immédiatement à l'œuvre de façon que tout soit prêt pour être soumis à la sanction des Chambres dès leur ouverture.

F. MARCELIN.

RENDEMENT DES DOUANES ET NÉCESSITÉ DE LEUR RÉORGANISATION

Port-au-Prince, le 15 mars 1894.

A Son Excellence le Président d'Haïti,

PRÉSIDENT,

Il n'est pas surprenant que le pays se préoccupe si vivement du rendement de ses douanes, en face de dépenses sans cesse grandissantes et de recettes stationnaires ou décroissantes. Les douanes pourraient rendre davantage : cependant il est nécessaire d'envisager la question à un point de vue moins absolu si l'on ne veut négliger un des côtés économiques les plus saillants de notre situation financière.

En 1890, les douanes ont rapporté 9 millions de gourdes au moins. Notons que le budget des dépenses ne dépassait pas $ 7,400,000. Ce rendement extraordinaire s'explique par des causes que chacun connaît. En 1890, le pays venait à peine de traverser une crise douloureuse durant laquelle la vie commerciale avait été presque suspendue. La crise finie, les importations prirent un grand élan. Elles ont même si bien marché qu'il s'en est suivi une sorte d'indigestion par surabondance dont nous ressentons les fâcheux effets jusqu'à présent. C'est même cette année 1890 qui est la cause non seulement des maux du commerce, mais encore de ceux de l'Etat, qui, tablant sur des recettes accidentelles, augmenta ses dépenses, comme si ce chiffre de 9 millions était désormais acquis à tous nos exercices. Méprise blâmable qui prenait pour du sang nouveau ce qui n'était, en somme, qu'un afflux causé par une interruption de la vie sociale durant une année !

Il y a un fait qui est indiscutable : c'est que, tandis que nos dépenses s'élèvent chaque jour, la puissance productive du pays reste la même, si elle ne diminue. Depuis des années et des années, c'est toujours 60 à 67 millions de livres de café que nous exportons. Cela n'a pas changé, et bien d'autres produits d'exportation ont singulièrement baissé. Ainsi le campêche, au lieu de 150,000,000 de livres, ne donne plus que 115,000,000, nos forêts se déboisant rapidement. Par contre, depuis le général Salomon, les charges de l'Etat ont doublé. Avec une exportation stationnaire ou décroissante, nous avons le double de dépenses à satisfaire. Avec quoi pouvons-nous solder la différence? Il est clair qu'un homme qui, avec 100 gourdes de revenus, limitait ces dépenses à ce chiffre, n'est plus dans la même situation si, demain, il en dépense 200 sans se préoccuper de la recette nouvelle qui doit combler l'écart.

C'est là, c'est dans cette disproportion qu'il faut chercher le mal dont la nation souffre, mal qui accable le commerce et qui est assez singulier avec la paix profonde dont jouit le pays. Ce mal, qui produit ses pernicieux effets sur tout le corps social, arrive à rendre difficile un bon recrutement du personnel administratif. En effet, chacun gagnant misérablement son pain dans le commerce ou la petite industrie, chacun ne voyant au bout de ses efforts que la faillite et la ruine, se désespère et tourne ses regards vers une charge de l'Etat. Mais quel esprit porte-t-il dans cette recherche! Ce n'est pas celui de servir son pays, ce n'est pas même celui de gagner son pain uniquement, c'est surtout celui de se faire une situation dans le temps qu'il sera employé, sachant par sa propre expérience ou celle du voisin que, remercié demain, il ne trouvera pas à vivre de son travail. Il ramasse par tous les moyens en vue de cette éventualité.

Or, de même que dans un corps sain tous les éléments concourent à l'harmonie et à la santé générales, ici ils concourent tous à la dislocation et à la dépression du sens moral. De là tant d'aspirants aux charges publiques ; de là cette tendance à transformer l'Etat en une vaste institution nationale de bienfaisance à laquelle on s'adresse soit pour les funérailles des parents décédés, soit pour quelques années d'avance sur les appointements, etc., etc.

Mais nous avons eu sous les yeux, à Port-au-Prince même, la démonstration de cette vérité, que la valeur des importations d'une nation ne peut dépasser celle de ses exportations. Pour l'avoir méconnue, cette vérité, le commerce s'est trouvé en 1891 dans la crise la plus forte qu'il ait jamais traversée. L'équilibre arbitrairement rompu entre l'offre et la demande ne s'est pas rétabli sans peine et surtout sans ruines. Les nombreux commerçants que la tourmente a emportés ont-ils été remplacés par des nouveaux venus ? Non. Le nombre de halles inoccupées au *bord de mer* attestent qu'ils n'étaient pas nécessaires à la vie commerciale de la cité. C'étaient des excroissances, des parasites que le cours normal des affaires devait supprimer et a supprimés effectivement.

Je ne cherche pas, Votre Excellence doit en être convaincue, d'excuse aux douanes, parce qu'elles relèvent de mon administration. Je crois que, même dans l'état actuel et grâce à quelques mesures, elles peuvent rendre bien davantage. C'est à peine si je me borne à remarquer que, moins un peuple produit, moins il a de moyens de travail à sa disposition, moins aussi il consomme. Le commerçant forcé de limiter ses opérations à la bourse de ses clients qu'il sait peu garnie, cherche alors dans la contrebande le moyen d'augmenter son profit et de couvrir ses frais. La probité dans l'administration devient, dans ces conditions, plus difficile que jamais à maintenir.

Mais cette idée formulée d'une façon générale, absolue, que les douanes bien gérées pourraient pourvoir à toutes les dépenses de l'État quand ces dépenses augmentent chaque jour, cette idée ainsi exprimée me semble fausse. A mon sens, elle déplace la question et peut nous préparer de cruelles déceptions dans l'avenir. Non, il n'est pas possible que les douanes suffisent à tous les besoins de l'État si nous ne faisons rien pour augmenter notre puissance productive !

Il faut ici remonter aux causes véritables du mal afin d'appliquer le remède efficace. Où donc devons-nous porter nos efforts pour augmenter nos ressources, si ce n'est vers l'agriculture? Et peut-on, en conscience, dire que l'agriculture, chez nous, est ce qu'elle doit être, ce qu'il faut qu'elle soit sous peine de voir Haïti succomber sous le poids de ses dépenses? Nous avons des institutions bien défectueuses, bien rudimentaires; l'agriculture, qui devrait être la moins défectueuse, la moins rudimentaire, puisqu'elle est la mamelle nationale, est la pire de toutes. Ni organisation, ni méthode : elle est nulle.

Jusqu'à nos jours, le peuple haïtien ignore la charrue et l'usage des instruments agricoles qui pourraient abréger son temps tout en décuplant ses forces.

Naguère, nous vivions dans l'indifférence des progrès accomplis autour de nous. Cette indifférence permettait l'équilibre financier. Produisant peu, dépensant peu, telle était, on pourrait dire, la formule. Maintenant les termes ne sont plus les mêmes. Nous possédons un département des travaux publics; les services de l'État sont largement dotés; nous voulons marcher de l'avant, implanter chez nous les conquêtes de la science. Cela coûte cher. Et chez tous les peuples cette période d'initiation et de tâtonnement a exigé beaucoup d'argent, de gaspillage même. Or, nous ne sommes qu'un peuple agricole. De là la nécessité absolue de réclamer de notre sol son maximum de production. Autrement, l'avenir pourrait nous reprocher peut-être d'avoir accablé la nation de lourdes charges sans penser aux moyens de les acquitter.

Ces réserves faites, je pense qu'on peut avoir un meilleur rendement des douanes :

1° Si on obtient le vote favorable des Chambres pour la loi présentée par le Pouvoir Exécutif, concernant l'établissement des magasins généraux et entrepôts. Cette loi permettrait d'avoir des locaux, — ce que nous n'avons pas, sauf à Port-au-Prince, — ce que nous sommes dans l'impossibilité d'avoir par nos propres ressources, ce qui pourtant est indispensable à une bonne et exacte perception.

L'exécution de cette loi permettrait, en outre, l'établissement d'un contrôle vigilant et la contre-épreuve de toutes les opérations douanières ;

2° Si on fait adopter la loi nouvelle sur les douanes déposée devant les Chambres et les tarifs y-annexés. Cette réforme se réalisera sans doute durant la session qui va s'ouvrir;

3° Si le département des finances peut avoir à sa disposition un navire préposé aux voyages d'inspections administratives. L'expérience démontre que les inspections telles qu'elles sont pratiquées ne produisent pas tout le bien désirable. Avec un navire toujours prêt à filer sur une douane ou sur une autre et deux inspecteurs seulement, le département des finances ferait une besogne autrement féconde en résultats que celle qu'il accomplit actuellement chaque année. Le rôle de l'inspecteur est d'arriver à l'improviste, au moment où on s'y attend le moins, de surprendre en quelque sorte le corps du délit. Comment le peut-il avec nos communications si peu directes, si irrégulières? Il ne faut pas pas non plus qu'il séjourne longuement dans une administration. Il est indispensable qu'il puisse y revenir souvent, tenant par là tout le monde en haleine. Il faut aussi l'affranchir de tous ces détails de logement, si ennuyeux dans nos provinces où il n'y a pas d'hôtels, l'affranchir de toutes ces influences ambiantes auxquelles il cédera s'il vit parmi elles. Le navire est là pour y parer au besoin;

4° Si on remplace les fonctionnaires incapables par des hommes dont les aptitudes et la moralité donnent l'espoir qu'ils seront à la hauteur de leur tâche. A cet effet, et encouragé par Votre Excellence, je prends, Président, la liberté de vous soumettre la liste ci-jointe. Peut-être pourrait-on y trouver quelques citoyens aptes à seconder les vues du Gouvernement par une gestion honnête des deniers publics.

Que Votre Excellence daigne agréer l'hommage de mon respect et de mon dévouement.

F. MARCELIN.

PROJETS DE BUDGET POUR L'EXERCICE 1894-1895

Port-au-Prince, le 30 mars 1895.

A Son Excellence le Président d'Haïti.

PRÉSIDENT,

MM. les Secrétaires d'Etat de la République se sont réunis hier matin, ainsi qu'il avait été arrêté entre eux, au salon des Relations extérieures.

J'ai porté immédiatement à la connaissance de mes collègues que les voies et moyens pour l'exercice 1894-1895 s'élevaient à $ 7,936,803 46, et qu'il fallait établir, si on s'arrêtait aux projets de budgets de leurs départements respectifs, les dépenses pour la même année de la façon suivante :

Dette publique...........	$	1.916.620 20
Relations extérieures......		178.060 »
Finances et commerce......		733.832 22
A reporter............		2.828.512 42

Report	2.828.512 42
Guerre....................	1.384.778 40
Marine	273.830 42
Intérieur et police générale.	1.548.319 41
Travaux publics...........	988.312 22
Agriculture	275.190 »
Instruction publique.......	1.071.450 »
Justice....................	497.774 »
Cultes.....................	96.698 26
Banque Nationale..........	300.000 »
	9.264.465 13

Comme c'était mon devoir et mon droit, j'ai sollicité de mes collègues la réduction de leurs budgets jusqu'au chiffre de nos voies et moyens. J'ai déclaré que, pour ma part, j'acceptais toutes les réductions qu'il leur plairait de faire au budget des finances. Mes collègues ont objecté qu'ils estimaient que toutes les sommes réclamées par eux étaient nécessaires au service public et partant irréductibles.

La discussion de chaque budget a commencé pourtant et j'ai le regret de porter à la connaissance de Votre Excellence que les seules réductions obtenues sont les suivantes :

Relations extérieures

Livre Bleu (au lieu de 12,000)........	8.000 »
A reporter.................. $	8.000 »

Report......................$ 8,000 »

Intérieur

Communes nécessiteuses (au lieu de 26,000)........................... 18.000 »

Total...............$ 26.000 »

A l'unanimité, mes collègues ont donc maintenu leurs chiffres. Il faut ajouter que mon collègue de la marine a fait observer qu'il lui faudrait encore une somme de $ 450,000 de crédit extraordinaire et que mon collègue des travaux publics, de son côté, a signalé une omission de $ 300,000 environ pour la garantie des chemins de fer du Nord.

Si on prend pour base de comparaison avec le projet de budget actuel même le budget de 1893-1894 (trop élevé pour nos ressources, non par la faute du Gouvernement, mais par celle des Chambres législatives), on trouve le tableau ci-après :

Comparaison des budgets 1893-1894 et 1894-1895

	EXERCICES			
	1893-1894	1894-1895	en plus 1894-1895	en moins 1894-1895
Dette publique..........	1.978.852 14	1.916.620 22	»	62.231 92
Relations extérieures....	133.110 »	178.060 »	44.950 »	»
Finances et commerce...	730.871 32	733.832 22	2.960 90	»
Guerre.................	1.227.339 40	1.384.778 40	157.439 »	»
Marine.................	260 233 51	273.830 42	13.596 91	»
Intérieur et police générale..................	1.193 367 37	1.548.319 41	354.952 04	»
Travaux publics	637.084 70	988.312 20	351.227 50	»
Agriculture	276.190 »	275 190 »	»	1.000 »
Instruction publique	1.095.273 »	1.071.450 »	»	23.823 »
Justice.................	488.874 »	497.774 »	8.900 »	»
Cultes	94.098 26	96.698 26	2.600 »	»
Banque Nationale.......	300.000 »	300.000 »	»	»
	8.415.293 70	9.264.865 13	936.626 35	87.054 92

Je vais analyser chaque projet de budget séparément et essayer de signaler à Votre Excellence les réductions qu'on pourrait y porter en vue d'arriver à l'équilibre budgétaire.

Relations extérieures

RÉDUCTIONS

Chapitre Ier, section 1 : Mission à Santo-Domingo. Supplément.

N. B. — Cette dépense est ici bien classée, mais elle figure déjà dans le chiffre des dépenses extraordinaires de l'année dernière, qui n'a pas changé cette année.

En effet, le chiffre actuel est de $ 25,000, auquel il

faut ajouter les $ 5,000 de Mme veuve Déjean....... $	7.600 »	
Vénézuela. Poste diplomatique	4.800 »	
Consulat de Tortola......	250 »	12.650 »
Chapitre Ier, section 3 : Matériel. Fournitures de bureau	1.500 »	
Frais de poste..........,	1.500 »	
Abonnement aux journaux....................	3.000 »	
Poste à Vénézuela, frais, etc.....................	1.500 »	
A reporter......	7.500 »	12.650 »

Report	7.500 »	12.650 »
Santo-Domingo	900 »	
Kingston, 900 au lieu de 400, différence	500 »	
Tortola	50 »	8.950 »
Chapitre II, section 1 : Indemnités aux employés, rédacteurs, copistes, etc., 9,450 au lieu de 6,000	3.450 »	
Calligraphe	1.800 »	
Bureau de paiement	1.800 »	7,050 »
Chapitre unique :		
Livre Bleu	12.000 »	
Publicité en Europe	3,000 »	
Missions en Europe, etc.	8.000 »	23.000 »
Total des réductions. $		51.650 »

Justice

Chapitre Ier, section 4. — Frais de justice criminelle, au lieu de 2,500, porté 4,000 ..... 1.500 »

Chapitre II, section 1. — Fournitures de bureau. Chapitre II, section 2. — Matériel	5.500 »
Chapitre II, section 3. —	
A reporter	7.000 »

Report..........	7.000 »	
Location et supplément....	2.000 »	
Chapitre II, section 5. — Achat d'ouvrages de droit..	1.000 »	
Chapitre II, section 5. — Dépenses imprévues et indemnités aux commissions judiciaires...............	7.400 »	
Chapitre III, section 4. — Indemnités aux chefs de service	2.000 »	
Total des réductions..$		19.400 »

Agriculture

Chapitre Ier, section 3. — A retirer sur matériel et fournitures	1.000 »
Chapitre II, section 3. — Voilà trois exercices dans lesquels on voit toujours figurer Chicago.............	10.000 »
Chapitre III, section 1. — Rétablir le chiffre de 1893 94 des dépenses extraordinaires. Réduction..........	2.000 »
Chapitre III, section 2. — Encouragement à l'agricul-	
A reporter.......	13.000 »

Report...........	13.000 »	
ture : L'expérience a démontré l'usage qu'on en faisait..	10.000 »	
Chapitre II, section 3. — Abonnements aux journaux: dans le budget 1893-1894, ce chiffre n'existait pas.......	1.000 »	
Total des réductions.. $		24.000 »

Travaux publics

Sur ce budget, il y a tout d'abord à observer que bien des services déjà désintéressés au budget précédent ne sont plus, cette année, à la charge de l'Etat.

Ainsi ont été liquidées en 1893-1894 :

Douane de Port-de-Paix...$	24.000 »
Distribution d'eau du Cap et des Gonaïves............	100.000 »
Créance Miot, Scott et C°...	37.640 »
Câbles sous-marins........	10.937 50
Garantie d'intérêt réseau télégraphique.....	15.715 »
	188.292 50

En 1893-1894, le chiffre au budget des travaux publics était de $ 637,084.70. Le département pouvait donc rien qu'en se tenant au crédit de l'année dernière trouver près de $ 200,000 dans les services déjà liquidés pour faire face à ses besoins nouveaux.

RÉDUCTIONS

Chapitre Ier, section 1 :

Appointements :

Comptable-adjoint, en plus........$		720 »
2 ingénieurs à 150 (payés auparavant dans les dépenses extraordinaires)....		3.600 »
Chapitre Ier, section 2 : Matériel du ministère..............................		4.000 »
Fonderie nationale................		10.000 »
Chapitre Ier, section 3. — Travaux d'irrigation, constructions des quais, réparations des routes publiques.......$	54.000 »	
Des brèches...........	70.000 »	
Réparations............	150.000 »	
Locations, etc.........	35.000 »	
Ensemble.......	309.000 »	
Chiffre de l'année dernière....................	160.000 »	
En plus...................$		149.000 »
Chapitre Ier, section 4. — Constructions et réparations des prisons.......		15.000 »
Chapitre III. section 3. — Abonnements aux journaux................		200 »
A reporter...............$		182.520 »

Report	182.520 »
Chapitre Ier, section 4. — Pour les grands travaux d'utilité publique.....	150.000 »
Chapitre III, section 1. — Travaux de dérivation de la source Meyer......	30.000 »
Chapitre III, section 2. — Constructions des arsenaux et fortifications....	60.000 »
Nota : Au chapitre Ier, section 3, figure une somme pour *constructions et réparations* de wharfs et quais, etc., de $ 60,000 et au chapitre I, section 4, figure pour le service hydraulique de la capitale un chiffre de 25,000 soit un total de $ 85,000.	
Au budget de 1893-1893 au chapitre III, section 1, pour ces deux services (les $ 100,000 pour distribution d'eau des Gonaïves et du Cap comprises) il ne figurait que $ 125,000. Il convient de rétablir la balance de $ 25,000 pour les deux services plus haut énumérés. De $ 85,000 à 25,000, réduction de.......	60.000 »
Erreur d'addition relevée dans le projet de budget	10.000 »
Total des réductions...... $.	492.520 »

Guerre et Marine

Il convient de s'arrêter aux chiffres de 1893-1894.

On aura les réductions suivantes :

Chapitre Ier, section 2. — Solde de l'armée :

1 instructeur général d'infanterie	1.200 »	
Supplément de solde pour les régiments envoyés en garnison......	28.890 »	30.090 »
Chapitre I, section 3. — Ration ordinaire..............................		38.849 »
Chapitre I, section 3.— Ration extraordinaire..........................		59.400 »
Chapitre II, section 1. — Pension, mi-solde, indemnité, etc		6.000 »
Chapitre III, section 1. —Location..		6.000 »
Chapitre III, section 4.— Frais extraordinaires..........................		16.500 »

Marine

Chapitre VI, section 6. — Ration de la marine..............................	13.596 91
Total des réductions....... $	170.335 91

Les appointements et la ration de la marine devraient même être moindres pour 1894-1895, notre flotte comptant un navire de moins et ces chapitres n'ayant plus à supporter l'indemnité votée aux victimes de l'*Alexandre-Pétion*.

Instruction publique

Chapitre III, section 4. — Frais extraordinaires : Rétablir le chiffre de 1893-1894, soit réduction de .... 3.600 »

Chapitre III, section 5. — Subside aux populations .... 4.000 »

Chapitre spécial. — Prime pour une histoire d'Haïti et un manuel d'instruction civique........................ 7.900 »

A mon humble avis, ce ne sont pas les encouragements pécuniaires du département qui nous doteront d'une bonne histoire. Ces œuvres là naissent spontanément et on les récompense après.

Total des réductions .... $ 15.500 »

Intérieur

RÉDUCTIONS

Chapitre I, section 3. — Appointements du personnel administratif :

1 Comptable-adjoint.. 720 »

1 Électricien Palais national.................. 1.200 »

1 Traducteur du Gou-

A reporter.... $ 1.920 »

Report..... $	1.920 »	
vernement.............	1.200 »	
2 Mécaniciens à 25...	600 »	
1 Rédacteur des actes du Gouvernement......	1.200 »	4.920 »
Chapitre II, section 1.— Subside aux communes nécessiteuses...........	1.000 »	
Recensement de la capitale.................	2.000 »	3.000 »
Chapitre III, section 1. — Maison centrale (100 apprentis au plus)......	5.200 »	
Maison centrale, habillement en plus.........	1.400 »	6.600 »
Chapitre III, section 2. — Matériel divers :		
Palais national (45,000 au lieu de 61,500).......	16.500 »	
Presse de Jérémie déjà payée au dernier budget.	7.500 »	
Matériel éclairage, Cap Haïtien................	7.500 »	
— Cayes.	7.500 »	
A reporter..... $	39.000 »	14.520 »

Report........	$ 39.000 »	14.520 »
A retirer valeur sans dénomination..........	5.000 »	44.000 »
Chapitre VI, section 1. — Frais de télégramme arriérés................	1.292 45	
Frais de délégations, commissions...........	3.000 »	
Frais de rapatriement.	500 »	4.792 45
Dépenses extraordinaires..................	10.000 »	
A. Laforest extincteurs	2.000 »	
— pour établir les extincteurs.........	500 »	
J. Roquet, intérêts....	469 40	
Sénateur Lafontaut de Jacmel................	2.500 »	
Bibliothèques :		
Ministères et cabinet....	31.875 »	
Chambre des députés....	12.000 »	
Personnel..............	2.940 »	
Collections du *Moniteur* (22 années à 35)....	770 »	
Arrivage (?) du consulat dominicain.........	7.200 »	
Produits préservatifs		
A reporter....	$ 70.254 40	63.312 45

Report........	$ 70.254 40	63.312 45
en cas d'épidémie.......	3.000 »	
Chefs de quartier, 12 à 30....................	4.320 »	
Appointements supplémentaires............	3.000 »	
Frais de téléphone arriérés.................	4.500 »	
Créance Victor pour encre, etc. etc..........	3.280 »	
Chapitre VII, section 1. — Subventions :		
La Fraternité (le journal, il semble, a cessé de paraître)..............	4.000 »	
A Mme Vve T. Lamothe	1.000 »	
A la Compagnie d'éclairage de Port-au-Prince à l'électricité.............	73.000 »	
A la Compagnie de Jacmel................	51.000 »	217.354 40

Nota. — Le matériel de ces Compagnies n'étant pas arrivé, il n'y a pas lieu de porter ces chiffres au budget.

Chapitre VIII, section 2.— Dépenses

A reporter................	$ 280.666 85

Report.................... $	280.666 85
pour la sécurité publique (chiffre de 1893-94 : 75,000)........................	41.000 »
Chapitre VIII, section 5.— Entretien des prisonniers........................	8.000 »
Chapitre spécial. — Acquisition pour cause d'utilité publique, 70,000 au lieu de 30,000..........................	40.000 »
J'ai laissé dans les réductions le chiffre de $ 25,000 pour les communes nécessiteuses, chiffre de 1893-1894. Mais je pense que, de même que l'année dernière, le gouvernement doit prendre l'initiative de sa suppression : aux Chambres de prendre celle de son rétablissement..........................	25.000 »
Total des réductions du département de l'Intérieur.... $	394.666 85

Telles sont, Président, les réductions que je crois possible d'obtenir dans les différents budgets.

Si, entre les voies et moyens et les dépenses de l'exercice et après discussion en Conseil des secrétaires d'État, il était démontré que pour des services urgents, indispensables, un écart de 2 à 300,000 gourdes environ ne pouvait être évité, je m'évertuerai à le combler. Mais je me repose sur la profonde sagesse de Votre Excellence pour qu'un budget équilibré soit présenté aux Chambres.

Je prie Votre Excellence d'agréer l'hommage de mon respect et de mon dévouement.

F. MARCELIN.

SITUATION DES EXERCICES 1892-1893 ET 1893-1894 AU 1er JUIN 1894

Port-au-Prince, le 9 juin 1894.

A Son Excellence le Président d'Haïti.

PRÉSIDENT,

J'ai l'honneur d'adresser à Votre Excellence le rapport suivant sur la situation de l'exercice expiré 1892-1893 et sur celle de l'exercice actuellement en cours :

Exercice 1892-1893

Les recettes de cet exercice se sont élevées à $ 7,457,940.75 et les dépenses, d'après les crédits votés, à $ 9,427,977.07. Le solde de $ 780,653.18 dù à la Banque au 30 septembre 1893 est liquidé par la convention signée avec cet établissement. Les recettes encaissées après le 30 septembre, les ressources extraordinaires dont disposait le département, entre autres le prêt de la caisse de la substitution, un prêt de $ 195,845.18 fait par l'exercice courant — prêt à rembourser aussitôt que les Chambres auront voté les crédits indispensables à la liquidation de l'arriéré de 1892-1893 — permettent d'établir comme suit la situation de l'exercice au 1er juin 1894.

Ordonnances non encore payées :

ÉTAT A

En billets............	$ 33.246 04	
En or.................	12.405 92	
	$ 45.651 96	$ 45.651 96

Contre-bons non encore payés :

ÉTAT B

En billets..................	$ 26.301 77	
En or.................	41.089 »	
	$ 67.390 77	67.390 77
		$ 113.042 73

Sur l'exercice 1892-1893, il ne reste en souffrance qu'une somme totale de $ 113,042.73.

Exercice 1893-1894

Voici la situation :

Ordonnances non encore payées :

ÉTAT C

En billets............	$ 113.622 88	
En or.................	48.262 27	
	$ 161.885 15	161.885 15
A reporter...............		$ 161.885 15

Report		$ 161.885 15
Contre-bons non encore payés :		
ÉTAT D		
En billets............	$ 11.662 »	
En or................	7.875 »	
	$ 14.537 »	14.537 »
		$ 176.422 15

Ainsi, au 1er juin, il reste dû sur l'exercice en cours une somme totale de $ 176,422.15 en ordonnances et contre-bons.

Le département a pu finir presque complètement avec le système blâmable de valeurs payées sur reçus à régulariser ultérieurement. En effet, après huit mois d'exercice, il n'y a que ce qui suit sur l'exercice courant :

Valeurs sur reçus à régulariser :

ÉTAT E................ $ 12.905

Il est juste d'observer que ces valeurs figurent aux différents douzièmes et qu'elles peuvent être régularisées immédiatement. Aucun département n'a dépassé ses crédits législatifs et partant tous ont les fonds suffisants pour achever l'année budgétaire et mener le service public à bien jusqu'au 30 septembre.

De la comparaison entre l'exercice 1892-1893 et l'exercice 1893-1894, il ressort que :

Au 31 mai 1893, l'exercice 1892-1893 devait :

1° A la Banque nationale d'Haïti : Recettes et paiements	$ 310.663 04
2° Au premier syndicat du 27 janvier 1892 : 1er octobre 1892 au 1er février 1893	279.707 32
3° Au deuxième syndicat du 28 décembre 1892 : 1er février au 31 mai 1893	109.919 61
	$ 700.289 97

En 1892-1893, sur recettes et paiements, il était dû $ 700,289.97. Aujourd'hui, sur recettes et paiements, il n'est dû, à ce jour, aucune somme : les droits de douane, importation et exportation, dont le Gouvernement a la disposition, sont entièrement libres. Aucun emprunt, à cette date, ne les grève. Les recettes encaissées dans le mois ont payé jusqu'ici le service de la solde, de la ration, des appointements, des locations, etc., etc., exactement à leur échéance. Sans doute, le département a eu à sa disposition le prêt statutaire de $ 300,000, sur lequel, au 1er juin 1894, il devait $ 147,712.86. Mais ce prêt ne peut être considéré comme une recette extraordinaire, ce qui est le cas pour les $ 700,289.97 de l'exercice 1892-1893, puisqu'il a été compris par le Corps législatif dans les recettes ordinaires et à ce titre a servi à l'équilibre budgétaire.

Toutefois, les mauvais mois sont arrivés, mois

durant lesquels les recettes de l'Etat diminuent sensiblement. Au chiffre de $ 8,415,293.70 du budget des dépenses, il faut ajouter les $ 79,888.42 de crédit extraordinaire accordé au département de l'Intérieur et les $ 15,000 versées sur le crédit voté pour la réception du général Ulysse Heuraux, ce qui donne un total budgétaire de $ 8,510,182.12. Assurément les recettes de l'exercice resteront très au-dessous de ce chiffre. Mais avec beaucoup de prudence, beaucoup d'économie, grâce au crédit dont il dispose, le département fera face au service, surtout si le Corps législatif adopte un mode de liquidation pour l'arriéré de 1892-1893 qui permette le remboursement des $ 195,845.18 qui sont dues au service courant.

Le chiffre de la Dette publique, durant cet exercice, n'a pas augmenté. Il sera, au contraire, diminué au 30 septembre. A ce propos, j'ai appelé l'attention de la Banque nationale d'Haïti sur des appréciations récemment émises par elle dans une brochure, appréciations qui pourraient donner une fausse idée de notre situation financière. J'ai invité cet établissement à ne publier désormais sa brochure qu'après l'autorisation du département. En effet, tout le temps que la substitution de nos billets n'aura pas été définitivement accomplie, on ne saurait proclamer que le chiffre du papier en circulation s'est augmenté de $ 500,000 et on doit se tenir aux termes de la loi qui déclare que c'est un prêt. Le solde de $ 780,653.18 dû par l'Etat au 30 septembre 1892 à la Banque nationale d'Haïti ayant été liquidé par une convention spéciale peut valablement ne plus figurer au débit de la Dette publique. D'un autre côté, environ $ 228,166.09 d'avances faites au service courant ont été depuis et en grande partie, dès le mois de janvier même, complètement liquidées. Enfin, si on se rappelle qu'à la fin de l'exercice le chiffre de l'emprunt consolidé ne sera plus que de $ 2,025,809.66, on conviendra que notre Dette publique au 30 septembre ne dépassera pas le total établi dans l'exposé général de la situation présenté aux Chambres.

Je ne terminerai pas ce rapport sans dire un mot de la substitution : il est grand temps d'en finir. Votre Excellence sait que j'ai plusieurs fois entretenu le Conseil des secrétaires d'Etat de cette nécessité. Je compte une nouvelle fois présenter à sa sanction, à la séance de mardi, un projet qui prolonge le délai du 1er juillet et m'arme de moyens suffisants pour arriver au résultat désiré.

Comme corollaire à cet exposé, j'ajouterai que les obligations de l'emprunt d'Haïti sont en ce moment à 250 francs, ce qui capitalise notre crédit à 6 0/0 et rend plus saisissante notre ténacité à emprunter sur place à 18 0/0, que les titres de la Dette intérieure se maintiennent à 41 0/0 contre or, que ceux de l'emprunt consolidé sont à 7 0/0 d'escompte contre traites (la traite faisant 4 0/0 de prime contre or), que les ordonnances tant de l'exercice périmé que de l'exercice courant ne s'escomptent pas ou s'escomptent à des taux insignifiants, enfin que l'or en ce moment est à 14 0/0, en pleine morte-saison, après être tombé jusqu'à 9 0/0 en novembre dernier.

Que Votre Excellence daigne agréer l'hommage de mon respect et de mon dévouement.

F. MARCELIN.

ÉTAT A

Ordonnances de dépenses non payées jusqu'au 1er juin 1894 (Exercice 1892-1893)

ORDONNANCES	NUMÉROS	DATES	MOTIFS	TITULAIRES	ARRONDISSEMENT	BILLETS	OR AMÉRICAIN
			FINANCES ET COMMERCE				
»	328	28 sept.	Pour affranchissements de lettres, taxes de lettres, journaux, etc., à partir du 1er février au 30 avril 1893, pour compte de ce département.......	Dr des Postes	Pt-au-Prince	102 56	»
»	137	30 sept.	Pour affranchissements de lettres, taxes de lettres, journaux, etc., à partir du 1er mai au 31 août 1893..................................	—	—	139 45	»
»	119	23 janv.	Pour droits d'importation payés en plus........	Dévé et Ce	Cap-Haïtien	107 25	»
»	115	—	Pour droits d'importation payés en plus........	Ed. Mary	—	151 25	»
»	7	17 janv.	Pour la moitié de la pension de M. Toussaint Frédérique, décédé, accordée à sa dame pour le mois de novembre 1892.....................	Payeur	Gonaïves	25 »	»
»	262	30 —	Enregistrements payés en plus................	Cont. du bur.	Jacmel	95 80	»
			Total......... $			621 31	»
			GUERRE ET MARINE				
»	463	30 sept.	Pour soldes des Compagnies d'artillerie et de gendarmerie de la commune de Pilate à partir d'octobre 1890 à septembre 1893.............	Payeur	Cap-Haïtien	1.680 »	»
»	183	29 juin.	Pour divers articles fournis au garde-magasin d'artillerie des Côteaux.....................	Garde-Magas.	Cayes	$ 64 »	»
»	87	30 —	Pour divers articles fournis (matériel) au commandant de l'arrondissement de Tiburon..................................	Villedouin	Jérémie	8 55	»
»	24	31 janv.	Pour des articles nécessaires au service du magasin d'artillerie d'Aquin......................	Dr de l'Arsen.	Aquin	22 »	»
»	136	3 mai	Pour la réparation des canots de port et achat de divers articles.............................	Payeur	Port-de-Paix	83 50	»
»	118	23 mars.	Mi-solde du mois de novembre 1892 du général A. Fortuné................................	—	—	7 »	»
»	137	13 juillet	Pour les funérailles d'un militaire du 1er régiment de la capitale, en marche avec le Président d'Haïti.................................	—	Saint-Marc	40 »	»
»	488	30 sept.	Pour autant à compter à M. J. P. Giordani, pour solde de tout compte des réparations faites dans le steamer *Toussaint-Louverture*......	—	Pt-au-Prince	»	1.656 25
	314	25 mai	Pour divers actes signifiés à la requête de l'accusation militaire près le Conseil spécial maritime................................	Garrescher	—	59 »	»
»	467	30 sept.	Pour passages et transport de divers articles sur leurs bateaux............................	B. Rivière	—	2.665 76	»
»	129	8 févr.	Pour des articles fournis au Directeur de l'Arsenal, pour la célébration de la fête de l'Indépendance. — 1er janvier 1893.................	Payeur	Cap-Haïtien	59 »	»
»	262	24 avril	Pour frais de transport et de débarquement de munitions par le navire de guerre *Bélise*.....	—	—	20 »	»
»	70	7 déc.	Pour cent quatre-vingt-quinze costumes militaires vendus à ce département par Mme Daumec Auguste....................................	D. Auguste	—	1.170 »	»
			A reporter.................... $			5.873 81	1.656 25

ORDON-NANCES	NUMÉROS	DATES	MOTIFS	TITULAIRES	ARRONDIS-SEMENT	BILLETS	OR AMÉRICAIN
			GUERRE ET MARINE *(suite)*				
			Report .... $			5.875 81	1.656 25
»	279	15 mai	Pour divers articles fournis au commandant des arrondissements du Nord pour la célébration de la fête du 1er mai 1893 et de la réception du Chef de l'Etat..........................	Nord Alexis	Cap-Haïtien	200 75	»
»	264	19 avril	Pour des articles de matériel nécessaires au bureau du général Nord-Alexis.................	—	—	150 95	»
»	95	26 mai	Pour divers articles de matériel fournis aux bureaux de l'arrondissement de Tiburon et de la place de Dame-Marie........................	D. Neptune	Jérémie	160 »	»
»	151	30 sept.	Pour frais luminaires de septembre 1893........	Payeur	—	16 50	»
»	34	31 déc.	Pour divers articles de matériel fournis au bureau de l'arrondissement de Tiburon..............	—	—	21 50	»
»	33	27 —	Divers articles de matériel délivrés au magasin d'artillerie de Jérémie......................	P. Jean	—	28 50	»
»	159	3 mai	Pour un jeu de piods fournis à l'Arsenal de Jacmel..	Payeur	Jacmel	20 »	»
»	174	17 —	Pour quarante douzaines de sachets faites pour la célébration de la fête du 1er mai 1893........	—	—	20 »	»
»	87	18 janv.	Pour divers articles fournis au Directeur de l'Arsenal pour la célébration de la fête de l'Indépendance Nationale........................	—	—	90 65	»
»	237	9 août	Pour vingt-neuf gallons d'huile de pétrole fournis pour l'éclairage de divers bureaux............	—	—	29 »	»
»	100	31 mai	Pour matériel fourni au magasin d'artillerie de l'Anse-à-Veau..............................	—	Miragoane	12 »	»
»	96	16 —	Pour divers frais faits par le Conseil spécial militaire de Miragoâne..........................	—	—	20 »	»
»	47	17 janv.	Divers articles de matériel fournis au Directeur du Magasin d'artillerie.......................	—	—	25 »	»
»	13	15 oct.	Pour divers frais télégraphiques..............	Payeur	Pt-au-Prince	»	40 47
»	126	30 sept.	Frais luminaires de septembre 1893............	—	Petit-Goâve	21 »	»
»	30	14 déc.	Pour trois pièces de Siam fournies au commandant de l'arrondissement pour la confection de gargousses..............................	—	—	12 »	»
			TOTAL.......... $			6.712 66	1.696 72
			INSTRUCTION PUBLIQUE				
»	132	30 sept.	Pour affranchissements de lettres, taxes de lettres, journaux, etc..........................	Dr des Postes	Pt-au-Prince	91 52	»
»	56	7 févr.	Pour cinq abonnements pris au journal *La Fraternité*.......	Sylvain	—	27 50	»
»	131	30 sep.	Pour divers télégrammes officiels expédiés pendant le mois de juillet 1893................	Payeur	—	»	16 25
»	156	28 févr.	Pour matériel fourni aux écoles de la circonscription...................................	—	Cap-Haïtien	677 »	»
»	270	2 mai	Pour deux douzaines de chaises fournies au lycée National du Cap..........................	Dr du Lycée	—	60 »	»
»	468	30 sept.	Pour frais de tournée des 1, 2, 3, et 4e trimestre exercice 1892-93 de l'inspecteur des écoles de Fort-Liberté..............................	Inspecteur	—	200 »	»
»	149	30 —	Pour frais de tournée 4e trimestre ex. 1892-93 de l'Inspecteur des écoles de Tiburon...........	—	Jérémie	50 »	»
»	105	30 juin	Pour frais de tournée 3e trimestre ex. 1892-93 de l'inspecteur des écoles de la Grand'Anse.......	—	—	50 »	»
			A reporter .... $			1.156 02	16.25

ORDONNANCES	NUMÉROS	DATES	MOTIFS	TITULAIRES	ARRONDISSEMENT	BILLETS	OR AMÉRICAIN
			INSTRUCTION PUBLIQUE *(suite)*				
			Report........................ $			1.156 02	16 25
»	58	22 févr.	Pour un piano fourni à l'école supérieure de demoiselles de Jérémie........................	Payeur	Jérémie	250 »	»
»	54	3 —	Pour cinquante bancs liés fournis aux écoles de Jérémie....................................	—	—	550 »	»
»	13	22 juin	Supplément d'appointements (juin 1893) de l'inspecteur L. Philippe........................	—	Gonaïves	100 »	»
»	20	12 sept.	Pour deux registres fournis au bureau de l'inspection scolaire des Gonaïves..................	L. Philippe	—	20 »	»
»	228	12 —	Pour frais de tournée 3e trimestre. Exercice 1892-93....................................	Sous-Inspectr	Cayes	50 »	»
»	225	30 —	Pour frais de tournée 4e trimestre. Exercice 1892-93....................................	Payeur	Port-de-Paix	50 »	»
			TOTAL......... $			2.176 02	16 25
			INTÉRIEUR ET POLICE GÉNÉRALE				
»	150	30 sept.	Pour appointements d'octobre 1892 à septembre 1893 de la police administrative du quartier de l'Anse du Clerc....................................	—	Jérémie	672 »	»
»	164	7 mars	Pour huit rames de papier fournies au directeur de l'Imprimerie Nationale du Cap............	A. Fabre	Cap-Haïtien	24 »	»
»	151	23 févr.	Pour frais de débarquement....................	Dél. du Gouv.	—	12 75	»
»	137	3 mai	Dépense à faire pour les besoins du service de l'Imprimerie Nationale......................	Payeur	Port-de-Paix	86 40	»
»	220	26 juillet	Ration des prisonniers, semaine du 15 au 22 juillet 1893..................................	—	Jacmel	39 »	»
»	25	30 sept.	Ration des condamnés pour le mois de septembre 1893....................................	—	Aquin	128 »	»
»	143	31 oct.	Ration des prisonniers, mois de septembre 1893.	—	Miragoâne	308 »	»
»	98	31 janv.	Pour matériel fourni à l'Imprimerie Nationale des Cayes....................................	Directeur	Cayes	254 50	»
			TOTAL......... $			1.524 65	»
			TRAVAUX PUBLICS				
»	440	27 sept.	Pour débarquement du matériel *Decauville* destiné à la ville du Cap........................	Payeur	Cap-Haïtien	157 40	»
»	158	28 févr.	Pour subside accordé à l'hospice du Cap........	—	—	4.000 »	»
»	439	27 sept.	Pour les travaux de construction de la prison de Ouanaminthe................................	—	—	3.333 33	»
»	139	16 févr.	Pour les travaux de réparations que nécessite la prison de Terrier-Rouge....................	—	—	3.970 47	»
»	53	31 janv.	Pour les travaux de réparations que nécessite la prison de Dame-Marie......................	A. Joseph	Jérémie	71 15	»
»	155	17 août.	Pour les travaux de réparations pratiqués dans le pont Pescau..............................	Payeur	Saint-Marc	869 »	»
»	206	30 sept.	A valoir sur les travaux de construction de la douane de Port-de-Paix........................	M. Sylvain	Pt-au-Prince	»	2.500 »
			TOTAL.......... $			12.401 35	2.500 »

ORDONNANCES	NUMÉROS	DATES	MOTIFS	TITULAIRES	ARRONDISSEMENT	BILLETS	OR AMÉRICAIN
			JUSTICE				
»	66	16 mai	Pour frais de constatation de blessures, faite à la requête du Juge de Paix, section Sud de la Capitale..................................	A. Caréus	Pt-au-Prince	82 »	»
»	91	31 août	Pour frais luminaires de la dernière session criminelle et divers articles fournis audit Tribunal.	J. Lallemand	—	80 »	»
»	78	28 déc.	Pour la signification des actes à la requête du Commissaire du Gouvernement du ressort des Cayes..................................	N. Faustin	Cayes	103 25	»
»	190	30 juin	Pour frais de Justice criminelle..............	—	—	15 75	»
»	59	22 févr.	Location du Tribunal de paix, d'octobre 1892 à janvier 1893, des Irois.	Payeur	Jérémie	20 »	»
»	109	28 juin	Divers articles fournis au Tribunal de paix des Irois..................................	—	—	55 »	»
»	45	12 janv.	Pour signification des actes à la requête du Ministère public du ressort de Saint-Marc..........	Emile	Saint-Marc	61 25	»
»	146	27 juillet	Pour signification des actes...................	Sévère	—	81 75	»
»	67	20 févr.	Pour articles fournis au Tribunal civil, Saint-Marc.	Doyen	—	20 »	»
»	154	3 juin	Pour signification des actes...................	Payeur	Port-de-Paix	20 50	»
»	66	31 déc.	Pour signification des actes...................	—	—	16 95	»
»	9	30 avril	Pour constatation de blessures................	—	Gonaïves	24 »	»
			Total......... $			380 45	»

ORDONNANCES	NUMÉROS	DATES	MOTIFS	TITULAIRES	ARRONDISSEMENT	BILLETS	OR AMÉRICAIN
			CULTES				
»	33	28 juin	Frais de congé et six mois de demi-solde de l'abbé Kaïser............................	Département	Pt-au-Prince	243 75	»
»	23	24 mars	Frais de passage de MM. les abbés Fouilly, Conan et Bazin..................................	—	—	562 50	»
»	15	31 janv.	Frais de passage et de trousseau de MM. les abbés Guilloré, Petit, Corps et Jicot...............	L'abbé Jaffré	—	562 50	»
»	28	13 mai	Frais de congé de MM. les abbés Christinau, Moal et Frégarot.....	Département	—	562 50	»
»	41	20 sept.	Frais de congé et six mois de demi-solde de M. l'abbé Guilloré, vicaire (Gonaïves).........	J. Pouplard	—	243 75	»
»	466	30 sept.	Supplément de traitement de l'abbé Bayer pour les mois d'avril à septembre 1893............	Bayer	Cap-Haïtien	180 »	»
»	301	7 juin	Frais de congé, six mois de demi-solde et six mois de demi-supplément de traitement, de MM. les abbés Chatté, Forget, Orlan et Chaludar..................................	Gloué	—	1.065 »	»
»	438	27 sept.	Frais de passage de l'abbé Chappae............	L'Abbé	—	187 50	»
»	323	5 juillet	Frais de congé et six mois de demi-solde de M. l'abbé Darricade l'Ab.....................	Glonay	—	243 75	»
»	369	23 août	Frais de congé de Mgr l'évêque du Cap et ceux de l'abbé Kersuzan.........................	Payeur	—	562.50	»
»	467	30 sept.	Traitement de septembre 1893 des abbés Le Berrigot et Baim..............................	Les Abbés	—	37 50	»
»	445	20 —	Frais de congé supplémentaire et six mois de demi-solde de l'abbé Jouan.................	L'Abbé	—	56 25	»
»	238	19 —	Frais de trousseau et de passage de l'abbé Colechet..................................	—	Cayes	187 50	»
			Total......... $			4.695 11	»

ORDONNANCES	NUMÉROS	DATES	MOTIFS	TITULAIRES	ARRONDISSEMENT	BILLETS	OR AMÉRICAIN
			RELATIONS EXTÉRIEURES				
»	256	30 sept.	Frais de bureau de nos agents à l'étranger, quatrième trimestre, exercice 1892-1893......	Département	Pt-au-Prince	»	333 »
»	237	30 —	Frais de télégrammes..........................	—	—	»	92 40
»	253	30 —	Indemnité à M. S. Preston......................	—	—	300 »	»
»	249	30 —	Affranchissements de lettres, journaux, etc......	—	—	379 70	»
»	206	30 —	Appointements et frais de bureau de notre Consul à Inague, troisième et quatrième trimestres, exercice 1892-1893.........................	—	—	»	325 »
»	195	30 —	Frais de bureau de notre Consul à l'étranger, quatrième trimestre, exercice 1892-1893......	—	—	»	312 50
»	235	30 —	Dépenses extraordinaires à nos agents et frais de bureau..	—	—	»	792 »
»	225	30 —	Indemnité à notre Consul à la Martinique et frais d'installation..............................	—	—	»	380 »
»	220	30 —	Indemnité au secrétaire-interprète de notre Légation à Berlin..........................	—	—	»	1.184 50
»	251	30 —	Divers frais faits pendant septembre 1893.......	J. Denis	—		»
»	222	30 —	Indemnités à nos Consulats à Azua et à Samana, quatrième trimestre, exercice 1892-1893.......	Département	—	30 » »	450 »
»	240	30 —	Pour sa part de cotisation à la Société littéraire et artistique à Berne..........................	—	—	»	540 »
»	149	30 juin	Frais de bureau, deuxième trimestre, exercice 1892-1893..................................	—	—	»	312 50
»	182	30 sept.	Frais de bureau, deuxième trimestre, exercice 1892-1893..................................	—	—	»	312 50
»	184	30 —	Appointements et frais de bureau, troisième et quatrième trimestres, exercice 1892-1893......	—	—	»	900 »
»	231	30 —	Dépenses faites par notre Ministre à Paris.......	—	—	»	667 86
»	161	30 juin	Appointements et frais de bureau, deuxième trimestre, exercice 1892-1893..................	—	—	»	450 »
»	181	30 sept.	Frais de bureau, troisième trimestre, exercice 1892-1893..................................	—	—	»	1.125 »
»	99	31 janv.	Supplément d'indemnité au secrétaire Férère de notre Légation à Paris.........................	—	—	»	15 69
			TOTAL.......... $			709 70	8.192 95
			AGRICULTURE				
»	54	30 sept.	Ration des hommes de corvée.................	Département	Pt-au-Prince	3.824 90	»

RÉCAPITULATION GÉNÉRALE

		BILLETS	OR AMÉRICAIN
FINANCES ET COMMERCE..	$	621 31	»
GUERRE ET MARINE..		6.712 66	1.696 72
INSTRUCTION PUBLIQUE..		2 176 02	16 25
INTÉRIEUR ET POLICE GÉNÉRALE......................................		1.524 65	»
TRAVAUX PUBLICS...		12.401 35	2.500 »
JUSTICE...		580 45	»
CULTES..		4.695 »	»
RELATIONS EXTÉRIEURES...		709 70	8.192 95
AGRICULTURE...		3.824 90	»
TOTAL............................	$	33.246 04	12.405 92

Certifié conforme le présent état s'élevant à la somme de trente-trois mille deux cent quarante-six gourdes quatre centimes en papier, et douze mille quatre cent cinq piastres quatre-vingt-douze centimes or américain.

Port-au-Prince, le 1er juin 1894.

ETAT B

Contre-bons de l'exercice 1892-1893 non encore payés au 1er juin 1894

DATES DE L'ÉMISSION		Nos des CONTRE-BONS	TITULAIRES	MONNAIE NATIONALE	OR AMÉRICAIN
1893 Février	17	285	J. Eug. Jeanty	$ »	$ 250 »
Novemb.	6	370	L. Sterlin	»	30.000 »
—	7	371	Département des finances	2.048 91	»
1894 Janvier	6	406	— des travaux publics	1.000 »	»
—	6	407	— de la guerre	»	9.700 »
Mars	8	437	— des relations extérieures	»	525 »
—	12	440	— de la guerre	1.260 »	»
	14	441	— —	4.426 24	»
—	16	446	Journal *la Fraternité*	1.499 98	»
—	17	447	Département des travaux publics	400 »	»
—	29	449	— de l'intérieur	400 »	»
—	31	450	— des relations extérieures	700 »	»
Avril	5	451	— —	»	125 »
—	17	454	— —	»	480 »
Mai	7	458	— —	300 »	»
—	8	459	B. Rivière	10.766 64	»
—	11	460	Département des travaux publics	1.000 »	»
—	11	461	— de l'intérieur	1.500 »	»
			TOTAL	$ 26.301 77	$ 41.080 »

Ensemble : vingt-six mille trois cent et une gourdes soixante-dix-sept centimes, monnaie nationale, et quarante et un mille quatre vingt-neuf gourdes, or américain.

Port-au-Prince, le 1er juin 1894.

ETAT C

Ordonnances de dépenses impayées jusqu'au 1er juin 1894 (Exercice 1893-1894)

ORDONNANCES	NUMÉROS	DATES	MOTIFS	TITULAIRES	ADMINISTRATION	BILLETS	OR AMÉRICAIN
			FINANCES ET COMMERCE				
»	132	4 avril	Abonnements au journal *la Fraternité*........	*La Fraternité*	Pt-au-Prince	140 »	»
»	127	4 —	Restitution de droits..........................	J.-C. Antoine	—	44 92	»
»	217	24 —	— —	O. Schutt et C	Cap-Haïtien	492 89	»
»	202	11 —	Arrérages de pension jusqu'au 28 mars 1894....	Mme C. Pierre jeune	—	245 83	»
»	126	11 —	Pour un quart d'une contrebande qu'ils ont arrêtée..................................	Les employés	Jacmel	235 14	»
»	131	18 —	Montant d'une contrebande qu'ils ont arrêtée...	de la Douane	—	30 »	»
»	124	11 —	Restitution de droits..........................	Watty et May	—	32 03	»
»	125	11 —	— —	Michel	—	150 »	»
»	123	11 —	— —	Maximilien Ce	—	25 21	»
»	14	12 —	— —	H. Denis	Gonaïves	19 21	»
»	15	12 —	— —	P. Hermann	—	90 24	»
»	16	16 —	— —	P. Latortue	—	23 »	»
»	75	13 —	— —	H. Blanchet	Jérémie	33 91	»
»	76	13 —	— —	D. Laraque	—	22 74	»
»	79	5 mars	Arrérages de pension jusqu'au 31 décembre 1893.	V. Beauvoir et Joachim fils	Port-de-Paix	309 99	»
»	99	11 avril	Restitution de droits..........................	Benjamin	—	39 50	»
			TOTAL.......... $			1.934 61	»
			RELATIONS EXTÉRIEURES				
»	144	23 avril	Abonnements au journal *la Revue Express*.....	Départ. d. Relations ext.	Pt-au-Prince	10 »	»
»	70	26 déc.	Frais de bureau de nos agents à l'étranger.....	—	—	»	1.000 »
»	53	26 —	Appointements de notre consul à Azua.........	—	—	»	300 »
»	55	26 —	Appointements du 2e trimestre de notre consul à Dajabon..................................	—	—	»	150 »
»	59	26 —	Appointements du 2e trimestre de notre consul à la Martinique.............................	—	—	»	150 »
»	61	26 —	Appointements et autres de notre consul à Monte-Christ..................................	—	—	»	432 50
»	62	26 —	Appointements et autres de notre consul à New-York..................................	—	—	»	450 »
»	63	26 —	Appointements et autres de notre consul à Inague.	—	—	»	162 50
»	64	26 —	— — aux Iles-Turques..................................	—	—	»	162 50
»	65	26 —	Appointements et autres de notre consul à Curaçao..................................	—	—	»	162 50
»	125	26 mars	Appointements de notre consul à Azua..........	—	—	»	300 »
»	126	26 —	— — à New-York.....	—	—	»	450 »
»	118	26 —	— — à la Martinique..	—	—	»	150 »
»	121	26 —	— de notre légation à Santo-Domingo.	—	—	»	1.900 »
»	116	26 —	— de notre consul à Samana.......	—	—	»	150 »
»	115	26 —	— — à Dajabon.......	—	—	»	150 »
»	113	26 —	— et autres de notre consul aux Iles-Turques..................................	—	—	»	162 50
»	112	26 —	Appointements et autres de notre consul à Monte-Christ..................................	—	—	»	432 50
»	109	26 —	Appointements et autres de notre consul à Curaçao..................................	—	—	»	162 50
			A reporter...................... $			10 »	6.827 50

ORDONNANCES	NUMÉROS	DATES	MOTIFS	TITULAIRES	ADMINISTRATION	BILLETS	OR AMÉRICAIN
			RELATIONS EXTÉRIEURES *(suite)*				
			Report .... $			10 »	6.827 50
»	110	26 —	Appointements et autres de notre consul à Inague.	Départ. d. Relations ext.			
»	133	26 —	— — de notre légation à Santo-Domingo		Pt-au-Prince	»	162 50
»	132	26 —	Frais de bureau de nos agents à l'étranger......	—	—	»	1.350 »
»	136	26 —	— télégrammes	—	—	»	1.000 »
»	54	26 déc.	Appointements du 2e trimestre de notre consul à Samana	—	—	»	100 »
»	36	18 —	Appointements et autres de notre consul à Inague.	—	—	»	150 »
»	33	18 —	— — consul à New-York	—	—	»	162 50
»	37	18 —	Appointements et autres de notre consul aux Iles-Turques	—	—	»	450 »
»	26	18 —	Frais de bureau de nos consuls à l'étranger.....	—	—	»	162 50
»	16	18 —	— voyage officiel à Chicago par M. C. Haentjens	—	—	»	1.000 »
»	32	18 —	Appointements du 1er trimestre de notre consul à la Martinique	—	—	»	107 50
»	137	23 avril	Frais de télégrammes	—	—	»	150 »
				—	—	»	350 »
			TOTAL.......... $			10 »	11.972 50

ORDONNANCES	NUMÉROS	DATES	MOTIFS	TITULAIRES	ADMINISTRATION	BILLETS	OR AMÉRICAIN
			GUERRE ET MARINE				
»	187	17 mai	Arrérages de pension dus à divers.............	Département	Pt-au-Prince	3.226 29	»
»	150	29 mars	Frais de télégrammes faits par M. Pesant.......	de la Guerre	—	246 34	»
»	168	20 avril	Confection de tuniques pour l'armée............	MérovéPierre	—	1.009 »	»
»	194	17 mai	Arrérages de pensions dus à divers............	Département		4.924 74	»
»	195	21 —	— — aux invalides	de la Guerre	—	1.496 10	»
»	142	12 févr.	Réparations de deux canots..................	Charl. Boden	—	150 »	»
»	141	12 —	Frais de déplacement et la mise en place de la bouée	—	Cap-Haïtien	167 50	»
»	200	11 avril	Six mois de sa pension......................	Gl Pt Frère Janvier	—	45 »	»
»	92	27 mars	Réparations du canot du port des Côteaux.......	Gl Boisrond	Cayes	20 »	»
»	93	31 —	Fournitures d'huile de Kérosine................	Mme Sophie Jean-Louis	—	54 »	»
»	51	23 janv.	Articles fournis à l'arsenal de cette ville.........	Gl A. Simon	—	26 59	»
»	41	31 déc.	Réparations de canots.......................	Gl E.-J. François	—	120 »	»
»	44	31 —	Articles fournis au garde-magasin des Côteaux...	J. Antoine	—	17 40	»
»	53	19 —	Frais faits................................	Payeur	Jacmel	20 »	»
»	57	20 —	Articles fournis à l'arsenal de cette ville.........	—	—	56 »	»
»	54	20 —	Frais faits................................	—	—	10 »	»
»	107	1 mars	Fournitures de 29 gallons d'huile..............	G.-F. Bernier	—	29 »	»
»	62	3 janv.	Fournitures de deux douzaines de chaises.......	—	—	60 »	»
»	32	12 déc.	Réparations du canot du port de cette ville......	Chef. des mouv. du port	—	30 »	»
»	127	11 avril	— des canots de *La Défense*........	Comt de la c. de Gd-Gosier	—	8 »	»
»	5	11 janv.	Fournitures à l'arsenal des Gonaïves	Payeur	Gonaïves	75 90	»
»	46	13 févr.	Articles fournis à l'arsenal de Léogane	GlN. Neptune	Petit-Goâve	10 95	»
»	16	31 mai	Réparations du canot du port de cette ville.... ..	Ch. des mouv.	Aquin	60 »	»
»	97	31 mars	Pension de D. Joseph et A. François............	Payeur	Port-de-Paix	75 »	»
			TOTAL.......... $			11.922 72	»

ORDONNANCES	NUMÉROS	DATES	MOTIFS	TITULAIRES	ADMINISTRATION	BILLETS	OR AMÉRICAIN
			TRAVAUX PUBLICS				
»	134	14 avril	Subsides aux églises et presbytères de la République	Dt d. tr. publ.	Pt-au-Prince	45.000 »	»
»	156	30 —	Travaux de réparations des routes publiques	—	—	3.000 »	»
»	53	26 janv.	Réparations du mât du Fort National	—	—	»	»
»	83	15 févr.	Garantie d'intérêt du rés. télégraphique terrestre	D'Aubigny Cº	—	248 98	15.715 »
»	72	31 janv.	Transformation du bureau d'arrondissement Lascahobas	S. Dubuisson	—	917 »	»
»	135	16 avril	Réparations de la prison de la Croix-des-Bouquets	D. Narcisse	—	1.000 »	»
»	138	24 —	Réparations du poste de police du Marché-Debout	Th. Lechaud	—	620 70	»
»	151	30 —	A valoir sur la construction de la douane, Port-de-Paix	M. Sylvain	—	»	2.500 »
»	140	21 —	Reconstruction d'un pont au Bourg-Salomon	F. Cauro	—	680 62	»
»	144	14 févr.	A valoir. Construction du bureau de la place Acul-du-Nord	Gl J.-Michel J.-Poix	Cap-Haïtien	1.300 »	»
»	100	26 avril	Démolition de l'ancien palais de cette ville	A. Dupiton	Saint-Marc	500 »	»
»	102	26 —	Réparations de l'hôpital militaire de Saint-Marc	Le Directeur	—	135 »	»
»	8	18 —	Subvention du service téléphonique, 2e trimestre	D. Bourand et Wiss	Gonaïves	»	750 »
»	9	25 —	Travaux complémentaires de la brèche de la Grande-Saline	F.-J. Philippe	—	1.334 10	»
»	11	15 mai	Construction du wharf des Gonaïves (à valoir)	C. Coën fils	—	»	2 000 »
»	10	15 —	Acquisition de canots et construction d'un pont	Dt d. tr. publ.	—	2.000 »	»
»	143	30 avril	Réparations de la prison de Jacmel (solde)	R. Alcindor	Jacmel	1.286 12	»
»	48	8 févr.	Travaux d'achèvem. de la fontaine Anse-d'Hainault	Dufanal	Jérémie	1.500 »	»
			Total $			59.222 52	20.965 »

ORDONNANCES	NUMÉROS	DATES	MOTIFS	TITULAIRES	ADMINISTRATION	BILLETS	OR AMÉRICAIN
			INSTRUCTION PUBLIQUE				
»	43	29 janv.	Subvention pour la publication de son ouvrage	E. Lantimo	Pt-au-Prince	780 »	»
»	64	28 févr.	Abonnements au journal *La Fraternité*	Dt instr. publ.	—	31 62	»
»	58	24 —	Abonnements au journal *Le Parlement*	—	—	25 »	»
»	76	29 mars	Frais de trousseau et autres des Sœurs de Saint-Joseph de Cluny	—	—	862 50	»
»	57	24 févr.	Subvention accordée pour la publication de ses œuvres	J. Lhérisson	—	500 »	»
»	88	20 avril	Articles vendus à ce département	Mme C. Victor	—	1.000 »	»
»	94	30 —	Subvention pour la publication de ses œuvres musicales	R. Geffrard	—	780 »	»
»	103	21 mai	Pour 4 bancs et 1 tableau fournis à son établissement	Mme Ganthier	—	47 »	»
»	190	11 —	Frais faits pour la publication du programme des écoles	MM. C. Bruno et G. Sylvain	—	750 »	»
»	216	18 avril	Subvention à lui accordée à partir d'octobre 1893 à avril 1894	F. Moïse	Cap-Haïtien	175 »	»
»	236	9 mai	Transport des fournitures qui lui sont expédiées	C. Calixte	—	15 60	»
»	237	9 —	Frais de tournée du 1er et 2e trimestres de l'exercice 1893-1894	Inspr d. écoles de Ft-Liberté	—	100 »	»
»	9	26 avril	Location de l'école des Frères de Grosmorne (novembre 1894)	Le Payeur	Gonaïves	6 »	»
»	11	26 —	Location de l'école des Frères de Grosmorne (décembre 1894)	—	—	6 »	»
»	11*b*	26 —	Location de l'école des Frères de Grosmorne (janvier 1894)	—	—	6 »	»
»	7	7 mars	Les frais de tournée du 1er trimestre de l'exercice 1894	H.-L. Philippe	—	50 »	»
			A reporter $			5.134 72	»

ORDON-NANCES	NUMÉROS	DATES	MOTIFS	TITULAIRES	ADMINIS-TRATION	BILLETS	OR AMÉRICAIN
			INSTRUCTION PUBLIQUE *(suite)*				
			Report....................... $			5.134 72	»
»	68	3 avril	Transport de fournitures classiques pour les écoles de cette ville..............................	Inspectr des écoles	Petit-Goâve	20 »	»
»	90	23 mai	Frais de transport des programmes d'enseignemt.	—	—	15 »	»
»	78	8 —	Frais de tournée du 1er trimestre de l'exercice 1893-1894................................	—	—	50 »	»
»	103	13 avril	Appointements des sœurs de l'école des Côteaux..	Le Payeur	Cayes	580 »	»
»	107	25 —	Frais de tournée des 1er et 2e trimestres de l'exercice 1893-1894..........................	E. Corvington	—	100 »	»
»	51	9 janv.	Frais de tournée du 1er trimestre de l'exercice 1893-1894..............................	L. Arnoux	Miragoâne	50 »	»
»	109	3 mai	Frais de tournée du 2e trimestre de l'exercice 1893-1894..............................	Inspectr des écoles	Saint-Marc	50 »	»
»	4	31 déc.	Supplément de location du bureau d'inspection de cette ville..................................	Le Payeur	Aquin	24 »	»
			Total.......... $			6.023 72	
			JUSTICE				
»	28	21 déc.	Expédition d'ouvrages de droit dans les juridictions de la République..........................	M. Zéphir	Pt-au-Prince	36 »	»
»	73	25 avril	Frais de passage accordés à divers...............	B. Rivière	—	65 32	»
»	69	25 —	Divers actes qu'il a signifiés..................	J. Augustin	—	28 50	»
»	79	8 mai	— —	C. Carvalho	—	191 25	»
»	76	30 avril	Frais de tournée des commissaires du Gouvernement...............................	Le Payeur	—	375 »	»
»	77	30 —	Publication du Bulletin des arrêts du Tribunal de cassation................................	—	—	1.500 »	»
»	88	21 mai	Frais faits pour compte de ce département......	H. Haspil	—	85 »	»
»	86	19 —	Frais de charrois et réparations faits pour ce département..............................	G. André	—	30 »	»
»	90	21 —	Articles fournis à ce département..............	M. St-Onge	—	30 »	»
»	93	28 —	Ses honoraires comme interprète dans l'affaire Culp....................................	E. Doucet	—	50 »	»
»	92	28 —	Pour la mise en rôle des affaires soumises au Tribunal criminel............................ ..	Thélémaque	—	84 »	»
»	224	25 avril	Actes signifiés à la requête du ministère public.	B.-J. Pierre	Cap-Haïtien	75 79	»
»	195	4 —	Frais de tournée du commissaire du Gouvernement...	Le Payeur	—	150 »	»
»	10	28 févr.	Appointements supplémentaires du personnel du Tribunal de Desdunes.......................	—	Gonaïves	112 »	»
»	9	28 —	Appointements supplémentaires du personnel du Tribunal de Desdunes.....................	—	—	112 »	»
»	8	14 —	Frais de tournée du commissaire du Gouvernement...............................	D. Latortue	—	100 »	»
»	91	13 —	Divers objets fournis pour le Tribunal de ce ressort..................................	Le Doyen	Jacmel	21 »	»
»	132	24 avril	Constatations faites à la requête du Ministère public...................................	Dr Lafontant	—	48 »	»
»	122	4 —	Frais de tournée dans sa juridiction............	Ministre publ.	—	100 »	»
»	68	15 févr.	Frais de tournée du commissaire du Gouvernement................................	Commissaire	Saint-Marc	100 »	»
»	101	30 avril	Pour registres qu'elle a fournis au commissaire du Gouvernement............................	Ve Acoune Je	—	42 »	»
			A reporter.................... $			3.335 86	»

ORDONNANCES	NUMÉROS	DATES	MOTIFS	TITULAIRES	ADMINISTRATION	BILLETS	OR AMÉRICAIN
			JUSTICE *(suite)*				
			Report .... $			3.335 86	»
»	103	26 avril	Constatations faites à la requête du Ministère public	Dr P.-A. Mucci	Saint-Marc	60 »	»
»	104	26 —	Actes signifiés à la requête du Ministère public..	E. Bell	—	40 25	»
»	108	30 —	Frais de charrois faits pour ce département......	D. Médina	Cayes	52 »	»
»	109	30 —	Location du Tribunal de commerce............	Le Payeur	—	120 »	»
»	77	25 —	Constatations faites à la requête du Juge de Paix.	Dr H. Ogé	Petit-Goâve	30 »	»
»	113	25 —	Frais de justice criminelle..................	B. Leblanc	Port de Paix	107 66	»
»	96	26 mars	Une douzaine de chaises pour le Tribunal de Paix.	Le Payeur	—	32 »	»
»	52	17 févr.	Frais de tournée du commissaire du Gouvernement	—	Jérémie	125 »	»
			TOTAL.......... $			3.902 77	»
			CULTES				
»	25	13 mars	Entretien des boursiers du Gouvernement au Séminaire du Pont-Château....................	Abbé Pichon	P[t]-au-Prince	»	1.875 »
»	12	19 déc.	Frais de trousseau des abbés Pouplard, Ridean, Legal	Ab. Pouplard	—	»	562.50
»	26	19 —	Frais de trousseau de l'abbé Bordier...........	Abbé Pichon	—	»	187 50
»	23	22 févr.	Frais de trousseau des abbés Chassagnol, Gallo et Brey	Dép. d. Cultes	—	»	562 50
»	10	19 déc.	Frais de trousseau des abbés Faure, Barotin et Primet	Ab. Pouplard	—	»	562 50
»	11	19 —	Frais de tournée de Monseigneur l'Archevêque...	—	—	»	750 »
»	32	19 —	Frais de congé et demi-solde de l'abbé Buello....	Abbé Pichon	—	»	333 75
»	34	23 avril	Articles vendus à ce département	Payeur	—	125 »	»
»	31	19 —	Frais de congé et autres de l'abbé Théaud......	Abbé Pichon	—	»	243 75
»	108	17 janv.	Six mois de demi-solde de l'abbé Chalandar.....	Abbé Gloux	Cap-Haïtien	»	146 25
»	76	24 déc.	Frais de trousseau des abbés Boivin et Cesbron..	—	—	»	375 »
»	172	14 mars	Frais de congé et autres des abbés Dumas et Keuzé	—	—	»	487 50
»	221	25 avril	Frais de trousseau et autres de l'abbé Bernier...	Mgr Ribault	—	»	187 50
»	104	14 —	Supplément de traitement d'octobre à mars 1894.	Ab. Le Marça	Cayes	180 »	»
»	91	27 mars	Frais de trousseau des abbés Gabrillagues, Le Peutre	Abbé Jaffré	—	»	562 50
»	45	31 déc.	Frais de trousseau de l'abbé Guillory..........	—	—	»	187 50
			TOTAL.......... $			305 »	7.023 75
			INTÉRIEUR				
»	187	6 avril	Subvention accordée à ladite Compagnie, février et mars 1894........................	Dr de la Cie des bat. à vap[r]	P[t]-au-Prince	13.333 32	»
»	125	19 févr.	Subvention du mois de janvier de ladite Compagnie	—	—	6.666 66	»
»	214	27 avril	Dépenses extraordinaires....................	Payeur	—	174 85	»
»	215	27 —	Frais d'entretien de l'Observatoire du Séminaire collège Saint-Martial....................	—	—	250 »	»
»	156	8 mars	Location du mois d'octobre 1893 du jury médical	—	—	16 »	»
»	149	2 —	Articles de matériel délivrés au Palais National..	—	—	361 05	»
»	113	13 févr.	Abonnements aux journaux..................	—	—	»	289 69
»	217	30 avril	Abonnements aux journaux..................	—	—	166 66	»
»	199	20 —	Frais de télégrammes (avril 1894)	—	—	»	333 33
»	243	27 —	Frais de rapatriement......................	—	—	»	178 »
»	223	25 —	Pour le tracé du Bourg de Grand-Bassin.........	E. Zéphirin	Cap-Haïtien	250 »	»
			A reporter.................... $			21.218 54	801 02

ORDONNANCES	NUMÉROS	DATES	MOTIFS	TITULAIRES	ADMINISTRATION	BILLETS	OR AMÉRICAIN

INTÉRIEUR *(suite)*

ORDONNANCES	NUMÉROS	DATES	MOTIFS	TITULAIRES	ADMINISTRATION	BILLETS	OR AMÉRICAIN
			Report .... $			21.218 54	801 02
»	244	16 —	Subvention au bureau d'éclairage (avril 1894)....	Payeur	—	»	1.500 »
»	238	15 mai	Subvention au bureau d'éclairage (mai 1894).....	—	—	»	1.500 »
»	79	30 janv.	Subvention au Conseil Communal de cette ville..	—	Jacmel	1.500 »	»
»	80	30 —	Subvention au Conseil Communal de cette ville..	—	—	1.500 »	»
»	86	6 févr.	Ration des prisonniers du 27 janvier au 3 février 1894..	—	—	31 »	»
»	81	30janv.	Subvention au onseil Communal de cette ville..	—	—	1.500 »	»
»	82	30 —	Subvention au Conseil Communal de cette ville..	—	—	1.500 »	»
»	106	21 mars	Subvention pour l'éclairage de cette ville (février 1894).....................................	—	—	1.500 »	»
»	119	21 —	Subvention pour l'éclairage de cette ville (mars 1894).....................................	—	—	1.500 »	»
»	116	23 mai	Subvention pour l'éclairage de cette ville (mai 1894).....................................	J. Rameau	Cayes	»	1.500 »
»	23	30 avril	Subvention pour l'éclairage de cette ville (avril 1894).....................................	Payeur	Gonaïves	»	1.500 »
»	25	31 mai	Subvention pour l'éclairage de cette ville (mai 1894).....................................	—	—	»	1.500 »
»	56	26 févr.	Frais luminaires des bureaux de police et de geôliers..................................	—	Petit-Goâve	52 »	»
			TOTAL.......... $			30.301 54	8.301 02

RÉCAPITULATION GÉNÉRALE

	BILLETS	OR AMÉRICAIN
FINANCES ET COMMERCE....................................	1.934 61	»
RELATIONS EXTÉRIEURES....................................	10 »	11.972 50
GUERRE ET MARINE....................................	11.922 72	»
TRAVAUX PUBLICS....................................	59.222 52	20 965 »
INSTRUCTION PUBLIQUE....................................	6.023 72	»
JUSTICE....................................	3.902 77	»
CULTES....................................	305 »	7.023 75
INTÉRIEUR....................................	30.301 54	8.301 02
TOTAL....................................	113.622 88	48.262 27

Ensemble : cent treize mille six cent vingt-deux gourdes quatre-vingt-huit centimes en billets, et quarante-huit mille deux cent soixante-deux piastres vingt-sept centimes en or américain.

Port-au-Prince, le 1er juin 1894.

ETAT D

Contre-bons de l'exercice 1893-1894 non encore payés au 1er juin 1894

DATES DE L'ÉMISSION	Nos des CONTRE-BONS	TITULAIRES	MONNAIE NATIONALE	OR AMÉRICAIN
1893 Décemb. 29	394	S. Bistoury	$ 1.000 »	$ »
1894 Janvier 10	410	Département de l'intérieur	1.000 »	»
Février 15	428	— des finances	»	250 »
— 21	431	J.-C. Antoine	800 »	»
Mars 6	435	Département des finances	»	250 »
— 15	444	C. Coën fils	»	1.000 »
— 16	445	Albert Rigaud	900 »	»
Avril 10	452	Département des finances	»	250 »
— 13	453	— de l'intérieur	»	1.000 »
— 21	456	Auguste Joseph	200 »	»
Mai 2	457	Mathurin Barthole	800 »	»
— 12	462	Payeur des finances	»	125 »
— 17	463	Duocieciad et Sylvain	1.000 »	»
— 12	464	Thessalus Pierre-Etienne	400 »	»
— 21	465	Payeur instruction publique	562 »	»
— 22	466	Bouzon	3.000 »	»
— 26	467	Payeur des finances	2.000 »	»
		TOTAL	$ 11.662 »	$ 2.875 »

Ensemble : onze mille six cent soixante-deux gourdes, monnaie nationale, et deux mille huit cent soixante-quinze gourdes, or américain.

Port-au-Prince, le 1er juin 1894.

ETAT E

Valeurs à régulariser (Exercice 1893-1894)

		INTÉRIEUR		
		Solde du matériel d'imprimerie de Port-au-Prince	$ 3.000 »	
		Frais de police de mars 1894	5.110 »	
		— — or américain	1.140 »	
		TOTAL	9.250 »	9.250 »
		TRAVAUX PUBLICS		
		Reçu du payeur	300 »	
		Divers reçus pour réparations de Thor à Carrefour	2.200 »	
		TOTAL	2.500 »	2.500 »
		GUERRE ET MARINE		
		Solde d'une commande de carabines de F. Carvaho	1.155 »	1.155 »
		TOTAL GÉNÉRAL		$ 12.905 »

Certifié le présent état s'élevant à la somme de douze mille neuf cent cinq gourdes, dont mille cent quarante en or américain et onze mille sept cent soixante-cinq en billets.

Port-au-Prince, le 1er juin 1894.

TABLE DES MATIERES

1841. — Paris, Société anonyme de l'Imprimerie Kugelmann (G Balitout, directeur), 12, rue de la Grange-Batelière.

DU MÊME AUTEUR

Ducas-Hippolyte (Biographie d'un poète haïtien)	**5**	francs.
La Politique (Discours à la Chambre)	**5**	—
La Banque Nationale d'Haïti	**5**	—
Questions haïtiennes	**5**	—

www.ingramcontent.com/pod-product-compliance
Ingram Content Group UK Ltd.
Pitfield, Milton Keynes, MK11 3LW, UK
UKHW012208240726
13966UKWH00002B/643

9 782011 752369